African Ancestors' Religion
Chipembedzo cha Makolo Achikuda

Kachere Series
P.O. Box 1037, Zomba, Malawi
kachere@globemw.net
www.sdnp.org.mw/kachereseries/

Published by
Kachere Series
P.O. Box 1037, Zomba, Malawi
ISBN 99908-76-39-8
Sources for the Study of Religion in Malawi no. 21

ISBN-13: 978-99908-76-39-0

Layout and editorial assistance: Rhodian G. Munyenyembe
Cover design: Mercy Chilunga
Cover Picture: *Members offering libations*
Photo by: *James Amanze*

The Kachere Series is represented outside Africa by:
African Books Collective Oxford (orders@africanbookscollective.com)
Michigan State University Press East Lansing (msupress@msu.edu)

Printed by Lightning Source

African Ancestors' Religion
Chipembedzo cha Makolo Achikuda

J.C. Chakanza (ed.)

Sources for the Study of Religion in Malawi no. 21

Kachere Series
Zomba
2006

Contents

Sources for the Study of Religion in Malawi

Starting in 1979, the Department of Theology and Religious Studies at the University of Malawi, produced in very simple format, 17 issues of documents useful for the study of religion. In 2000, the Department reopened this series with no. 18 to cater for documents and other texts which, may not meet all the standards for a book, but contain valuable documentation or information to be preserved. *Sources for the Study of Religion in Malawi* seeks to make available materials, which may be used in teaching and research. It aims to cover such areas as Traditional Religion, Islam, Independent Churches and Church History in Malawi, and will be primarily concerned to produce bibliographies, unpublished manuscripts of historical interest and, where possible, research findings.

Titles in the series

No. 1.　　J.C. Chakanza and J.K. Parratt (eds.) "A Bibliography of Traditional Religion in Malawi", 11 pp, February, 1979 (Revised 1983).

No. 2.　　J.K. Parratt (ed.).Y.Z. Mwasi, "My Essential and Paramount Reasons for Working Independently" 13 pp, May, 1979.

No. 3.　　J.C. Chakanza, "An Annotated List of Independent Churches in Malawi", 31 pp, January, 1980.

No. 4.　　F.M. Chimulu (ed.), "The Universities Mission to Central Africa: A Bibliography in Progress", 21 pp, March, 1980.

No. 5.　　J.C. Chakanza and D.S. Bone (eds.), "Religion in Malawi: Current Research", 25 pp, June, 1980.

No. 6.　　D.S. Bone (ed.), "Religion in Malawi: Current Research", 26 pp, March, 1983.

No. 7.　　J.C. Chakanza (ed.) "Regional Cults in Malawi", 1983, 25 pp.

No. 8.　　J.K. Parratt (ed.), "African Theology: a Bibliography", 26 pp, May, 1983.

No. 9.　　H.W. Langworthy (ed.) "Papers of Charles Domingo", 72 pp,1983.

6

No. 10.   J.C. Chakanza, "An Annotated List of Independent Churches", December, 71 pp. 1983,

No. 11.   D.S. Bone (ed.), "Islam in Malawi: An Annotated Bibliography", 15 pp, December 1983.

No. 12.   J.C. Chakanza, "Provisional Annotated Chronological List of Witch-Finding Movements in Malawi, 1850-1980", 25 pp, 1988.

No. 14.   Hilary Mijoga, "Biblical Exegesis in Africa Independent in Churches in Malawi", 56 pp, 1991.

No. 15   K.R. Ross (ed.), Religious Pluralism in Contemporary Malawi, 56 pp, 1991.

No. 16.   J.C. Chakanza, K. Fiedler and K.R. Ross "Missiology in Malawi", 41 pp, 1993.

No. 17.   K.R. Ross, "The Message of Mainstream Christianity in Malawi: An Analysis of Contemporary Preaching", 33 pp, 1993.

No. 18.   J.C. Chakanza (ed.), "Islam in Malawi Week", 40 pp, 2000.

No. 19.   Bregje de Kok, "Christianity and African Traditional Religion: Two Realities of a Different Kind", 2004.

No. 20.   J.C. Chakanza, "Utumiki wa Amai mumpingo", 2004.

No. 21.   J.C. Chakanza (ed.), *African Ancestors Religion/Chipembedzo cha Makolo Achikuda*, 2004,

Religious Revitalization in Malawi
The African Ancestors' Religion

J.C. Chakanza, D.Phil. (Oxon.)

> One of the recent events in the City of Blantyre has been the forma-
> tion of what is called 'Makolo Church.' This is not a Christian
> Church, but the leaders of this Church are those Christian church
> ministers who have been suspended or sacked by their churches
> because of breaking certain rues.[1]

This is what an Anglican priest, the late Father Lokileche, wrote in 19975
referring to the *Chipembedzo cha Makolo a Chikuda*, or African Ancestors'
Religion. Unlike other neo-primal religious movements, the literature about
which has come from outside observers, the African Ancestors' Religion or
AAR, as I shall henceforth refer to it – has from time to time produced its
own small publications, mainly for propaganda purposes. It is on this
literature that most of this discussion will be based.

In Malawi today, the word makolo (ancestors) refers also to Peter
Nyambo's Ethiopian Universal Church (Kush) although in a rather pejora-
tive sense.[2] Another name often heard is *Zoipa chitani, mbiri siyigonera* (do
whatever evil things, as they will not be remembered for long).[3] In a wider
usage, the term *makolo*, along with 'Abraham', denotes religious movements
which stress the Old Testament, upon which they justify such practices as
polygamy, beer-drinking, traditional initiation and ancestor veneration,
which are also part of the general African heritage. It is therefore not easy
sometimes to distinguish between the different sets of movements in this
category. The former Catholic Archbishop of Blantyre, the Most Reverend
James Chiona, in a circular to the Catholic Christians in his Archdiocese,
wrote:

---

[1]   J.F. Likoleche, "Why Many Divisions in the Church of Christ?", in *Ecclesia* (Diocese of
Southern Malawi), Kasupe, July, 1975, p. 3.
[2]   R.L. Wishlade, *Sectarianism in Southern Nyasaland*, London: Oxford University Press
for the International African Institute, 1965, pp. 20, 47.
[3]   Ibid., p. 49.

> As you all know, a sect called *Makolo* has been introduced over here. This sect follows pagan practices.[4]

The Archbishop's identification of the movement is accurate. It really started to come out openly in Blantyre, Thyolo, Chiradzulu and Mulanje, and its preachers attracted crowds at bus stops and markets.

The leader of Nyambo's Ethiopian Universal Church (Kush) deny any links with the AAR, despite some similarities. Both stress "a return to the ways of the ancestors", but while the AAR are rabidly anti-Christian, the Ethiopian Universal Church accepts the fundamental Christian teachings. When I personally interviewed Bishop Absalom Makauli of the Ethiopian Universal Church in 1981, on whether his church could be identified with the AAR, he replied:

> Many people see it that way, but in reality we are a different organization. The main difference is doctrinal: we accept Jesus Christ as Lord and Saviour, and the Bible as the revealed word of God, whereas they do not.[5]

However, the two movements started and gathered momentum when nationalist fervour was mounting and taking a definite turn. The Ethiopian Universal Church (Kush) started in 1943, a year before the foundation of the Nyasaland African Congress Party, while AAR was founded at Chilomoni in Blantyre on 6th July 1959, the day Dr. H.K. Banda arrived in Malawi to lead the country to independence.

The AAR does not call itself a 'church' as this term is considered to be associated with Christianity, which they regard as alien. The name *Chipembedzo cha Makolo Achikuda* should actually be translated into English as "The Religion of the Black Ancestors", or simply "The Black Ancestors' Religion."[6] Black has been translated as 'African', since too many people 'black' is synonymous with 'African.'

The founder, Joseph Mphambala, once a member of the Seventh-day Adventist Church [or perhaps even the Providence Industrial Mission] is alleged to have left that Church after declining to hold an office to which he had been appointed.[7]

---

[4] Archbishop J. Chiona, "Mwezi wa Korona", Blantyre, 1st October, 1975. "... monga mukudziwa, kwathu kuno kwafika mpingo woti: "Wa Makolo." Mpingowu ukutsatira zachikunja zonse ..." [My translation].

[5] O.T. Bishop Absalom Makauli to J.C. Chakanza, Zomba, 10th September 1981.

[6] See the documents from the AAR cited in this section. Members of this religious organization are popularly referred to as "Achipembedzo" (Those who belong to "the Religion") or as "A Makolo" (Those who belong to the Ancestors Church).

[7] Questionnaire on "The History of Independent Churches", filled by Solomon Mphulanga.

The main doctrinal points of AAR are set in five mimeographed documents issued in Chichewa, Malawi's national language, by the headquarters of the movement in Blantyre. I shall now summarize the contents of these documents in order to give a better understanding of the practices of this movement.

Fr. Likoleche, who heard leaders of the African Ancestors' Religion preach at Blantyre and Limbe Bus stations, has written that its teaching can be summed up in three points:

(i)   It blames Malawians for rejecting the God of their ancestors and accepting the foreign God of the whites;

(ii)   It rejects the Bible as the word of God, and notoriously twists the whole truth about Jesus in the Gospels and treats him as the son of a nobleman in Palestine; and

(iii)   It denies the Christian claim that Jesus is the Son of God and that He still lives. If Jesus brought salvation, then it was to his fellow Jews and other Europeans, and not to Africans.[8]

These observations, although not necessarily biased, represent a hearer's view of the movement's teachings.

Document 1 – The Truth about Jesus, the Saviour of the Israelites – the Whites

This document emphasizes that Christianity is an alien religion which has no relevance to Africa, except that it has been used as an instrument of subjection: "We were but fourth-class citizens, human filth in the country which was ours by birth", the documents bemoans.[9] The Bible is for the white people, containing stories and references which parallel the black condition.

Document 2 – The End of Christian Churches in Africa or the Demise of Christianity in Africa

This is a general appeal to Africa to return to her old traditions.[10] A set of corresponding Bible texts such as Micah 4:5 are cited. A passage reads:

> The Christian Churches (Christianity) came to Africa to hoodwink the
> black people away from their traditional religion in order to follow a

---

[8]   J.F. Likoleche, "Why Many Divisions in the Church of Christ?", p. 4.

[9]   The Chichewa title of Document 1 reads: "Zoonadi zache za Mpulumutsi wa Israeli", 3 pages, no date.

[10]   The Chichewa title of Document 2 reads: "Kutha kwa Machalichi Mdziko la Africa", 2 pages, no date.

religion which is false to the black man – that of Jesus, a white man who was crucified on a tree and died long time ago in his country. It is indeed useless to the black man. As a result of abandoning their ways and customs, Africans are dying young, as their book – the Bible – says.[11]

On the mission of Jesus Christ, another passage reads:

> Jesus was a political revolutionary who wanted to overthrow Roman rule in Israel, or say Canaan, but he was killed by the Romans. He never rose from the dead; and to say that he ascended into heaven is a lie – as their book, the Bible says.[12]

The concluding passage accuses the Christian Churches of "teaching through their book called '*Kaunjika*' (Book of Refuse)- the Bible – such things as war, adultery and witchcraft.[13]

Document 3 – The Jesus (Political) Party

A collection of Bible texts has been interpreted as pointing to Jesus as the political liberator of the Jews.[14] Jesus' public ministry, some of his sayings, his passion and death are all cast within a political – or better still, a nationalist – perspective. Here are a few examples:

1. **Mathew 4:12-18**
   When Jesus heard that John had been arrested, he launched his political party. "The Kingdom of God is at hand." Here, Jesus meant 'independence' or 'self-rule', although he said it indirectly, for fear of being arrested by the Romans.[15]

2. **Acts 9:13-19**
   Saul joins Jesus' political party in order to overthrow Roman rule, when he had realized his mistake after being misled by the Jewish priests. (Note here that Jewish priests are 'chiefs', who were appointed by the Romans to take charge of Jewish affairs.[16]

---

[11] Ibid., p. 1.
[12] Ibid.
[13] Ibid.
[14] The Chichewa title of Document 3 reads: Chipani cha Yesu, 4 pages, no date.
[15] Ibid., p. 1
[16] Ibid.

3. Acts 11:26

The Jews who followed Jesus began to be called "The people of Jesus in Antioch", and not "Christians" after the name of their leader.[17]

4. Psalm 18:9

There are many gods. Let there be no strange god on your land; do not worship an alien god. The God of the Christians is alien, and therefore must not be worshipped.[18]

The document closes with hard words against the Christian Churches:

> The devil (Satan) is none else than a beast that wanders around deceiving people. The Christian churches, finding this word foreign, interpreted it to mean a heavenly evil spirit, so as to deceive people. Now you can say that the Christian Churches are in fact the devils.[19]

5. Jeremiah 8:8-12

The shepherds of the Christian Churches are avaricious dogs, never satisfied, each one seeking gain in his area.[20]

Declaration

> The name of Jesus was introduced here by white men, to deceive people into believing that Jesus is the Saviour of all people, including the black people. We, the black people, do not accept this lie. We have been enslaved by the white people for many years in the name of Jesus.[21]

Document 4 – The Death of Jesus Called Christ, in Jerusalem, Judea

The passion and death of Jesus Christ are narrated from a political perspective, with some local embellishments.[22] One passage reads:

> Christians chide the Jews for having unjustly put Christ to death, disregarding the Romans who actually executed him. Pilate said: 'Let him be killed... for sedition'.[23]

---

[17] Ibid., p. 2.
[18] Ibid.
[19] Ibid., p. 4.
[20] Ibid.
[21] Ibid.
[22] The Chichewa title of Document 4 reads: "Imfa ya Yesu Wotchedwa Khristu ku Yerusalemu ku Yudeya", 10 pages, no date.

Document 5. Worship and Rites of the African Ancestors: Religion: An Introductory Text

This is a nineteen-point outline of the code of conduct and rites of the AAR.[24] The following is a summary of the main points:

(i) **Duties towards Self:**
Regulations concerning good personal conduct; meekness; good deportment, etc.

(ii) **Duties towards Others:**
Good conduct towards others; respect for the elderly; obedience to parents and to the state; love; not to kill, steal, commit adultery.

(iii) **Duties towards God and the Ancestors:**
Observance of ancestral customs: funerals; rites of passage; offering sacrifices to the ancestors; traditional dances; perpetuation of names of the ancestors.

The direct allusion to leading personalities in nationalist movements characteristic of the early period as reflected in the first document, put the AAR in disfavour with national aspirations. It was thought that the movement had seeds of subversion which had to be nipped in the bud. Consequently, the movement was temporarily suspended and its preachers prevented from preaching. Popular sentiment stipulated that the movement change its mode of preaching by refraining from the use of overtly political images and personalities in the current political set-up in Malawi.[25] The AAR has responded by avoiding mentioning names of persons and situations in Malawi. But this is compensated by a heavy emphasis on depicting Jesus Christ as political liberator of the white people (Jews are regarded as white people) and the black people as outside that liberation, since they have their own liberators.

In the economy of salvation, just as the white people have their own ancestors and saviours as revealed in the Bible, in like manner the Africans have theirs. To stress the identity and self-sufficiency of the African or black man in matters of salvation, Christianity and the Bible are considered alien intruders, with tendencies divisive and disruptive of the African ethos. The

---

[23] Ibid., p. 1.

[24] The Chichewa title of Document 5 reads: "Kalata Yofotokoza Kasamalidwe ka Chipembedzo ndi Miyambo ya Makolo Achikuda," 1 page, no date.

[25] O.T. Peter Bvalani, Department of Surveys, Blantyre, December 1981.

Bible is depicted as essentially catering for the white people's aspirations, which do not apply to the black except at the level of liberation in general.

Furthermore, the AAR interprets the Bible in such a way as to show not only how the white people have distorted it, but also how they use it to oppress the black people and hoodwink them into abandoning their own traditional religions. The AAR preachers ask:

> If the Bible, which is the source of Christian teaching, says that people must return to the ways of their ancestors, why do the Missions stop us from following the customs and ways of our ancestors?[26]

This is not to say that the AAR take or justify their stand from what the Bible says, since they reject it totally, but what they stand for is also expressed in the Bible. Hence they use the Bible itself as a weapon to castigate the Missions and all they stand for.

Comparing AAR's negative approach to the Bible with that of the Christian-based Independent Churches, the latter accept the Bible as the true word of God, and often use it to demonstrate that the white men have strayed from its true message through misuse or misinterpretation.

The AAR maintains that there is a universal God, but that He nevertheless has ordained that each race abides by its own traditions of worship inherited from its ancestors. Taking over a new or foreign tradition will have adverse effects on the society that does so.

The documents I have just summarized constitute a major unifying symbol in so far as they attempt to systematize the AAR movement's central tenets in a pan-Africanist approach, although with particular reference to Malawi. The following hymn reflects this pan-Africanist orientation:[27]

Hymn of All the Black People

Chorus: Come, let us offer to the Spirit,
Let us do so, the Creator has come.

1. The going astray of black people must stop:
The creator has come
Misunderstanding among the black must end:
The Creator has come.

---

[26] Ibid.
[27] J.M. Schoffeleers: File on Independent Churches, under "Makolo." I am very grateful to Professor Schoffeleers for letting me use this file.

2. Let the black people rejoice today:
The Creator has come
Now indeed is the time
The Creator has come.

3. He is the Spirit of our Ancestors:
The Creator has come.
Let us all unite:
The Creator has come.

4. All the black people on our land:
The Creator has come
All you who have been misled, listen:
The Creator has come.

Despite this pan-Africanist appeal, when the AAR is introduced in areas where the people are from diverse cultural backgrounds and religious traditions, it adopts a great deal from the existing local forms of worship and other traditions which generally lie within the scope of its manifesto on worship and rites reflected in Document 5. Professor J.M. Schoffeleers has observed for Nsanje District where the movement was introduced in the 1970s that the local emphasis has come to be centered on M'bona, the guardian spirit of the Mang'anja.[28]

> Worries, worries, worries!
> M'bona is there!
> Let us put our worries before God.[29]

In Zomba District, where I became familiar with this movement, *chinamwali* (puberty rites) and *nsembe* (sacrifice to ancestral spirits) were not performed regularly. Most of the meetings were open to the public and merely consisted of long sermons, hymn singing, spontaneous prayers, and a collection for charities was taken. Representatives of the movement occasionally bring gifts to patients at the Zomba General Hospital. The few young people in the movement usually act as assistants to the leaders at religious functions. This may well be a traditional custom which reserves ritual functions to elders or those who have reached the age of seniority.

---

[28] J.M Schoffeleers, "Economic Change and Religious Polarization in an African Rural District", Paper presented at the conference on "Malawi: An Alternative Pattern of Development" held at the Centre of African Studies, University of Edinburgh, 24-25 May, 1984, pp. 22-33.

[29] J.M Schoffeleers: Interview with members of the *Chipembedzo cha Makolo Achikuda*, Nsanje, 31 December, 1978, kindly made available to me by the author

Conclusion

The AAR stands out as being at the extreme end of religious polarization among Malawi's new religious movements. Notably, it is disliked both by the mainstream churches and by a great majority of the independent churches, as it is considered not only potentially disruptive, but also a menace to these churches in that its doctrines and practices confuse Christians and pseudo-Christians. Archbishop Chiona's circular, which I have cited, is a clear example of the antagonistic attitude of a high-ranking prelate towards the AAR. Fr. Likoleche has singled it out as non-Christian and led by ministers who have either been suspended or sacked from the mainstream churches because of indiscipline. It delights in the rejection of basic Christian tenets and indulges in denouncing Christian churches. A similar attitude was reflected at a conference of independent churches held in Zomba in September 1980, when the steering committee declined to invite representatives of the AAR because they were considered not merely non-Christians, but even anti-Christian.

The official Government attitude seems to be one of non-committed tolerance, so long as the AAR does not pose a threat to peace and harmony. Hence, local chiefs may, at their discretion, permit the AAR to establish branches of the movement in their areas with the approval of the District Commissioners.[30]

By and large, the AAR does not have a clear vision of what it is up to, and in many respects the values it tries to proclaim are out of step with the aspirations of changing Malawian societies. Nevertheless, nostalgia for the past, and the fear of abandoning the ancestral heritage for modern ways, may have some appeal to the more conservative section of society, particularly if its lot has not improved by espousing new ways.

Thus membership is composed mainly of adults who have not been very much affected by recent changes in the rural areas, and of the less-privileged in the suburbs of Blantyre, Zomba and Lilongwe. There is a core of committed members, and a large number who are either sympathizers or people who drift in and out according to the situation in which they find themselves. Its rather frequent outbursts against Christian churches put off many potential AAR followers, either because they fear being implicated in its political connotations, or simply out of disgust for such unecumenical approach towards other churches. However, a number of ordinary members to whom I

---

[30] Group Village Headman Chapinga of Nsanje District told me in September, 1981, that he would not tolerate the AAR in his area because they were troublemakers.

have spoken have said that the AAR is simply a church (*mpingo*) which accepts them as they are, particularly when other churches have rejected them or cannot take them.

The leadership of AAR formulates the teaching of the movement and disseminates it at rallies and in print. The negative aspect of the teaching is highly persuasive in that it gives a totally different interpretation of the Bible, the authoritative source from which Christian doctrine, as known by many people, is derived. The use of apocryphal literature is a strategy aimed at convincing Christians and would-be Christians of the insincerity of the missionaries who have even kept from them certain parts of the Holy Scriptures.

Although the positive aspect of the teaching is very general, it nevertheless gives wide scope for implementation in the differing cultural backgrounds where the AAR is introduced. My personal observation is that both the negative and positive aspects of the teaching reflect an indigenous and well-thought-out strategy for mobilizing the masses ideologically for a return to the way the African ancestors worshipped. The Christian churches are considered, not only as a threat to the spread of the movement, but also as undermining the African people's religious heritage through their foreign ideologies and ways of worship.

Document 1

The Party of Jesus

The Revolt Against Roman Rule

Luke 2:1-7. The Jews were slaves under the Roman yoke. An edict came forth from Augustus Caesar that all of the tribe of David should be enlisted. Joseph and Mary went there to be enlisted as they both belonged to the tribe of David. Mat 4 v 12-18. When Jesus heard that John had been handed over, he started a political party at Galilee. "The Kingdom of heaven is near at hand." Here Jesus means 'Independence,' self-rule. Here his language is not straightforward for fear of being arrested by the Romans.

John 10:16-21. "I have some other sheep." Here Jesus has the Samaritans in mind, so that they can join strength and fight the Romans. The Samaritans and the Israelis are of the same tribe but never went together, therefore Jesus wanted to court them to come together and be under one leader.

Luke 6:17-19. Jesus had quite a sizeable group of Jews.

Luke 6:12-16. Jesus chooses twelve men as messengers or M.P.s (Members of Parliament).

Mat. 19:27-28. Jesus had the firm hope that the Romans would be defeated.

John 11:47-48. The priests, being Traditional Authorities, started fearing, "What on earth shall we do?"

They feared that the Romans could think that they, the priests, and Jesus were conspirators.

Luke 17:3-21. "The Kingdom of God does not come spectacularly, it is within you." (If you work hard, that kingdom will come. (Independence).

Luke 22:35-38. "He that does not have it let him sell his night cover and buy a sword. Behold some two swords are here."

Mat. 21:6-11. The battle of Jesus in Jerusalem.

Mat. 21:17. Jesus left while the battle was still raging and went and spent the night at Bethania.

Luke 13:1-5. People came who reported to Jesus that the people had perished in Pilate's battle. At that, Jesus knew that his battle was a failure.

Luke 22:14-20. Jesus bids farewell to his disciples.

Luke 22:47-53. Jesus is taken.

John 19: 1-16. The priests say, "We have no king but Caesar."

John 19:17-22. Jesus is executed for his uprising against Roman rule.

Acts 7:57-59. Stephen was the first victim after the execution of Jesus. Saul was the one who was holding the clothes of the murderers of Stephen. Saul was deceived by the priests into believing that the group following Jesus was illicit because it was against the Roman rule.

Acts 8:1-3. Saul persecutes the followers of Jesus. This group came to be known as "Church."

Acts 9:13-19. Saul becomes one of the followers of Jesus at Damascus in the struggle against the Romans after realizing his mistake in submitting to the deceit of the Priests.

Ephesians 6:10-12. Paul writes to the Ephesians, "Our struggle is not against flesh and blood but against authorities and rulers."

Acts 16:14-21. Paul at Thyatira [Philippi?] "These people are Jews, they preach the customs which are neither acceptable nor to be followed, because we are Romans."

Acts 17:6-9. Paul at Thessalonica. Those very some ones who have changed the land have also arrived here, they act against the laws of Caesar affirming that there is another king, "Jesus".

Acts 21:27-28. Paul gets arrested.

Acts 24:1-9. This man is like an epidemic, the leader of the protesting Nazarenes.

Acts 24:13-14. In being called seceders, so do I serve the God of our ancestors.

Acts 25:13-16. The priests plead with King Festus to man Paul's case.

Acts 28:17-20. Because of the expectation of the Israelites, he was tied with these fetters.

Acts 28: 21-22. For they talk about this sect everywhere.

Acts 11:26. The Jews of Jesus began to be known as "the people of Jesus" at Antioch. Not Christians, no, but the people of Christ, following the name of their leader Christ. Galatians 3 v 29.

1 John 5 : 6. John testifies, "He is the one who came by water and blood, not only water but water and blood, that is Jesus Christ."

God-Gods

Psalm 81:9. There are many gods. Don't let there be a god from elsewhere, do not genuflect before a strange god.

Psalm 82:1. God stands in the assembly of gods, he passes judgement among gods.

Let us Hear about the God of the Churches

Exodus 3:14. The God of the churches is a person whose first name is "I".

Exodus 15:2-3. The God of Churches has changed his name to Jehovah. He is a warrior, his name is Jehovah

Joshua 11:9-11. Joshua strikes the village of Hazor with a sharp sword (Jehovah the God of the Churches is truly a warrior).

2 Kings 11:4-16. Jehovah called for hundreds of human killers (soldiers) who would guard Jehovah's house, the house of the God of the Churches, the house of the king.

Ezra 1:1-3. The house of Jehovah, the god of the Churches is in Jerusalem on a hill-top.

Exodus 24:9-11. Seventy- four people saw Jehovah, the god of the churches on a hill while he was eating and drinking.

1 Kings 22:19-23 Jehovah, the god of the churches, is a liar, one must be aware of him. He has put a spirit of deceit in all these prophets of yours.

Isaiah 25:6. Jehovah, the God of the churches, holds banquets, drinks wine with dregs but well sieved.

Isaiah 22:12-13. Jehovah, the God of the Churches, mourns at funerals, dropping tears and shaves. Jehovah the God of the Churches does fear death.

Jeremiah 25:27-28. Jehovah, the God of the Churches, forces people to drink beer saying, "Drink, get drunk, vomit and fall."

Satan – The Tempter

Luke 2:1-7. The Jews were slaves under the Roman yoke. That is why an edict came forth from Caesar Augustus. Caesar is the supreme authority of the Romans.

John 11:47-48. The Romans selected some Jews to act as Native Authorities and gave them authority in their own district so that they could handle (judge) minor cases according to their own tradition. Only major cases were referred to the Roman ambassador (Colonial administrator).

Luke 6:17-19. When Jesus took up politics, he had a great following. That is why the Native Authorities (Priests) worry saying: "What now for us!"

The Temptation of Jesus by the Tempter

John 6:70-71. The tempter (egotist) or Satan are both foreign words, signifying an evil person.

Luke 10:19-20. Jesus says, "I saw Satan fall." In fact, Jesus did not see Satan but he dreamt that the Romans had been vanquished. The Jews took the Romans as devils because of the cruel nature of their rule.

Matthew 4:1-4. The first temptation of Jesus. Jesus was going about teaching politics so that people should not accept the laws of the Romans. (The priests) The tempter thought that Jesus was doing all this for want of food. Therefore (the priests) the tempter took Jesus to their district office and told him: "Desist from politics and join us and you will have an abundance of food." (The priests) The tempter thought Jesus would be attracted into discarding politics upon hearing the food promise as this was an honour. Jesus knew pretty well this deceit from (the priests) the tempter so Jesus never complied and went on with politics. This is the same as asking him to change stones into loaves of bread.

Matthew 4: 5-7. The second temptation of Jesus. (The priests) The tempter took Jesus up a temple tower. This is to say he disclosed to Jesus the glare of rare glory saying, "Drop politics and stay among us and you will be one of the chief priests." (The priests) The tempter thought that Jesus would be lured into dropping politics upon hearing the promise of becoming one of the chief priests, because this honour outdoes the food promise. Jesus brushed aside even this and went on with politics. This is what is meant by the episode: "the tempter took Jesus high up the temple tower."

The Egotist – Satan

Matthew 4 v 8-10. A terribly difficult third temptation of Jesus (The priests).
The tempter took Jesus up a very high hill and showed him the whole world and all its glory. That is to say the priests told him, "Leave politics, and we will give you a portion, there you will be a high priest and whatever gift there is shall be nobody's but yours." (The priests) The tempter thought Jesus would not refuse such a great elevation, a gift for himself only. This is what is meant by the episode; "the devil took Jesus to a very high hill and showed him all the world and its glory."

Jesus was aware of the deceit of the priests and the tempter and knew that the priests would not abandon Roman rule as they were Native Authorities of Rome who were paid, ate pretty well and got fat though they were slaves. Jesus being a member of the tribe of David, the royal family, could not suffer his tribe to remain slaves under the Roman yoke. Therefore Jesus brushed aside all honour and chose to die for his tribe and save it from the Roman yoke.

(The Tempter) Satan is not something or some wandering beast looking for people to deceive or trap, no. The Tempter is a wicked person. Seeing that this wording is foreign, the church people took it to signify very bad heavenly spirits that mislead people. Now you say church people are Satans, the egotists (tempters).

Jeremiah 8:8-12. Church pastors have no shame whatever to mislead their neighbours into the worship of foreign false gods for the sake of money. (Mica 3 v 11-12)

Jeremiah 5:26-28. Church people keep waiting like trap-setters, they set the noose (Church) to catch people, not birds. The church is a trap where they can easily rob people's money.

The Deceit of Church People

The name Jesus was brought here by the whites so as to deceive people that Jesus is the saviour of all people including the blacks. We the black people brush aside this lie. We have been under the white people's slavery for years on end under the pretext of Jesus' name.

Deut. 20: 10-13. " If you want to wage war shout the word, peace. If they receive you without war, all those people will be your subjugates, they will be serving you. A person whether a chief or not comes under the name "You" because of the name of Jesus.

Numbers 33:50-53. Upon their arrival, the white people shared our land among themselves in the name of Jesus. Our ancestors had no place for hoeing. They did some gratuitous farming instead, which if they failed to do the white people would uproot the maize of that particular person in the name of Jesus. We the black people were forbidden to adore the Creator through the spirits of our ancestors. The whites asserted that the spirits of our ancestors are false deities because they had died. Death is all one for all. The whites die and so do we. Abraham, Isaac, Jacob, Joseph, Mary, Jesus, Peter, John, Luke are all ancestors of the white people. But if the white people themselves assert that those ancestors of theirs are still alive, that's their business, it's no concern for us the black people.

Jeremiah 5 :25-28; Mica 3:11-12. The white people choose some of our relations to be church overseers who were paid. They taught them how to attract us into being permanently under the slavery of the white people. On seeing them work so hard we would think they are saying the truth because they are our relations. These church-elders pray Jesus very much as he is their saviour, misleading their neighbours for money, loving high seats at banquets and eating the heads of pigs at funerals.

Lamentation 5:12-15. Because of slavery, our chiefs were being looked down upon; we laboured for no pay; the white people put our relatives to death, our plays and songs became lamentations because of the name of Jesus. The churches and their Jesus were here but did nothing to save us.

Document 2

The Black Ancestors' Religion

The End of the Churches (Christian Mission) in Africa

AFRICA HAS WOKEN UP: The black person must realize that Africa is awake because all types of people have reverted to their own ways of life in accordance with the traditions of their countries, (as their book says in Micah 4 v 5). Take note that Africa has its own religious rituals (Customs) – following what their ancestors had been doing in the past, because God is SPIRIT, (as their book says in Hosea 26 v 14, John 4 v 24, Psalms 81 v 8-9). Africa is a land solely for the black people, an amiable land with nice people who do not discriminate against others (as their book says in Deut. 13 v 6). Africa has been in the dark for a long time, reading the white people's (Jews) fables in their book called *Kaunjika* –the Pile (the Bible), so called because they put together sixty-six books written by different authors. Africa has been in the dark this long because she was deceived (misled) by foreigners who came to Africa for trade and others who were in captivity in Egypt (because of famine) (as their book says in Deut. 6 v 18; Exodus 12 v 37; Numbers 14 v 1) having fled from their home because of famine, (as their book says in Genesis 42; Numbers 11 v 4).

The Saviour (Redeemer)

In Africa, there are leaders or better still, saviours who saved their compatriots from slavery by colonialists or better still from foreign rule on their very own land.

For Example:

Jesus himself saved his compatriots (the white people) in his own homeland – Israel - as their book says in Matthew 15:24; 19:27; 27:37; Acts 10:28; Revelation 5:5; 3:9; 7:5. All this happened in the white people's own land, and not in the land of the black people at all.

The Churches (Missions)

The Churches (Missions) came to Africa to deceive the black people into abandoning their religion and join a religion that was false to the black person, that of Jesus who was a white man who had been hanged on a tree and had died in their own country a long time before. This is a worthless teaching for the Black person. The consequences are that a person discards his own tribal customs and dies sooner than expected, (as their book says in 1 Cor. 1:23; John 12:12; Exodus 21:16; Mark 7:10). Jesus was a political revolutionary who wanted to fight against Roman rule in Israel, his home, or better Canaan, and was killed by the Romans. He neither resuscitated nor rose from the dead, that is a lie; and to say he went to heaven is a lie, (as their book says in Mark 12:18; 1 Cor 15:12; Ecclesiastes 3:19).

The Cross

Note that the cross means servitude. You have to know that Jesus was crucified on a tree (on a cross) because he was a slave of the Romans. A person crucified on a tree or on a cross was either called a slave or said to be one cursed by God Jehovah, (as their book tells us in Deut. 21:22; Galatians 3:13; Joshua 8:29).

Baptism

Baptism signifies being a brave person ready to shed blood or being brave and fearless at war, (as their book says in 1 John 5:6; Luke 22:35; Matthew 10:34, (for Jehovah is a warrior Exodus 15:3). The same is contained in that hymn which says. "Onward Christian soldiers marching to war, With the cross of Jesus, Going on before." And again that other hymn which says: "Stand up, stand up for Jesus soldiers of the cross."

Adam

The story of Adam and Eve signifies a man and an old woman or better, an old man and an old woman, and sometimes the land and its chief, as there were white old people in Israel. There were three old people to whom they paid special respect, people like Adam, Seth and Enos. This means that these make up the history of the Israelites (The White people). From these generations there were three other people like Abraham, Isaac, and Jacob, all of whom were white. All these tribes were known as belonging to the Israelite nation and not to the black nation because Abraham, together with Jesus was saved by the black people as their book says in Matthew 2:13; Genesis 12:10; 13:1; 41:1). The white people have their own land, and so do the Indians; the black people have a land of their own which is Africa, (as their book says in Deut. 13:6; Numbers 26:5-9; Jeremiah 13:23).

Singing at Funerals

Whosoever sings songs at a funeral and mentions far away people is branded a mad person or a fool. This is because a funeral entails mourning or expressing sorrow at death. Both the White people and Indians too weep at a funeral when one of theirs dies-they never sing hymns at all, (as their book says in Matthew 2:18; John 11:33-36; Romans 12:14-15; 2 Samuel 18:32-33).

The Mvano or Legion

Mvano or Legion means a mad person or mad women. This is because there was a certain white person by the name of Legion in the white people's land who was mad, (as their book says in Luke 8:27-30). White women are not allowed to belong to the Mvano group because they know that Mvano or Legion means madness or else an army, (as their book says in 1 Cor. 14:34).

End of the World

The end of the world is to be seen in the power struggle for kingdoms and also when a person dies, the world is at an end for such. So a new generation goes and another generation comes, but the world will never come to an end, (as their book says in Ecclesiastes 1:4; Leviticus 25:10; Revelations 21:1).

Performing Ancestral (Traditional) Dances

To perform traditional/ancestral dances is to observe our own ancestral customs as every nation has its own dances and customs. Even the very white people have got their own traditional dances, (as their book says in Lamentations 5:15). When the Jews were taken into captivity in Babylon, (as their book says in Jeremiah 39:1), they were prohibited to perform their traditional dances and Jeremiah lamented for their dance. When the white people came to Africa, the land of the black people, they started to proscribe African traditional dances because they knew that these dances were beneficial so far as their religion was concerned.

An Explanation

The African people were indeed observing their traditional ways and customs but upon being deceived by the white people, they began to abandon them and adopted those of the foreigners (the white people). Even Christianity was brought to the African continent with the aim of grabbing the land and establishing its commercial enterprises (as their book says in Numbers 33:52; Deut. 20:10). Christianity started teaching criminal acts in Africa such as war, promiscuity, witchcraft through their book called the "Pile" (Bible), as their book says about War in Numbers 33:50-54; Deut. 20:10; 1 Kings 15-16; Matthew 10:34; Luke 19:27. On promiscuity: Genesis 19:30; 30:14; Exodus 22:16; 2 Samuel 11:2; John 8:1; 1 Cor. 5:1. On witchcraft: 2 Kings 28; 1 Samuel 10:1-4).

Document 3

The Rebirth of the Black Ancestors

The Religion of the Black Ancestors

A letter on the Observance (adherence to) of the Religion and Customs of the Black Ancestors.

1.   To be condescending, to commiserate with those in difficulties.

2.   Love in the family at all times.

3.   Reciprocal love.

4.   To offer sacrifice (to the ancestral spirits) in our family.

5.   To offer the annual sacrifice for the land (so that the ancestral spirits may be pleased).

6.   To obey our parents (Creator number two).

7.   To obey the laws of the land (the state).

8.   To observe the customary procedures and regulations at funerals.

   (a)   Women are not to come to the grave (but should be a little way off).

   (b)   Children must neither go to the graveyards nor see the corpse at the funeral (so that diseases and death decrease on the land).

9.   To counsel both female and male children on the customs of our ancestors of the distant past.

10.   To respect the aged.

11.   To retain the names of our ancestors.

12.   To dress up decently (so as not to shame our ancestors).

13.   To abstain from stealing.

14.   Not to kill a human being (nor to harm your neighbour).

15. Not to go for somebody else's wife nor should a woman go for somebody else's husband.

16. Not to swear in vain by God's name nor by the long-dead ancestors' name.

17. We must clap hands and kneel down in respect for the spirits of our ancestors who died a long time ago, not forgetting to mention the name of God (Chauta, Mphambe, Leza, M'bona, Kalonga, Namalenga) (and the name of your ancestor who died a long time before).

18. To perform our traditional ancestral dances, (so that the ancestral spirits themselves may rejoice).

19. We should all remain ritually cold (refrain from sexual activities) three or four days to the day of sacrifice.

Document 4

The Death of Jesus Called Christ in Jerusalem, Judea

Talking about the Bible, the church people hate the Jews for having killed Jesus who had committed no crime, leaving aside the Romans who indeed killed Jesus. You, the readers, may find it surprising (confusing) to hear that Jesus had been arrested twice and brought to Pilate, the Roman representative. He was released on the first count and executed on the second.

Note that the Jews had been slaves under the yoke of the Romans who chose some of them to be native authorities and these chiefs (Priests) were given jurisdiction to settle minor cases according to their own customs, but the major ones were referred to Pilate, the Roman representative. These chiefs collected taxes for Caesar and were remunerated much according to their grades. At that time Herod was the overseer for Galilee while Pilate took charge of Judea. Pilate, at given times, used to go to the synagogue to collect tax money. When he arrived in Jerusalem to collect the money, the chiefs (Priests) went at night to Pilate's house carrying plenty of money in a basket. They put some fruits on top (of the basket) so that people would not suspect that they were carrying money to entice the bosses into giving all top jobs to their own folks (Priests) only.

Formerly, the chiefs (Priests) used to be elected by the Jews themselves, but later on, because of those allurements, they were appointed by Pilate himself. The priests including their people hated the Romans for hanging swine portraits along all the roads. This was a despicable affront to the Jews. The reason for this being that for the Jews the pig was something unbecoming and abominable.

The chiefs (Priests) were instructing their children/people not to shake hands with whosoever was not a Jew. Here they had the Romans in mind in order to perpetuate their hatred for them. Whenever Pilate entered Jerusalem to collect the tax money, the chiefs wore gloves and so shook hands with him. When the children asked: "Why have you shaken hands with a person who is not a Jew?" the chiefs replied, saying: "we had gloves on, so that we are not in the wrong if we shook hands with someone who is not a Jew." After some time, Pilate got wind of this, and so when he came the next time to collect tax money, the chiefs and their people went to receive him and the chiefs still wore their gloves. The chiefs wanted to shake hands with Pilate but he withdrew his hand and rejected the greeting.

Right from Galilee, Jesus started teaching politics, saying: "The kingdom of heaven is at hand," meaning "Independence." He was that indirect for fear of the Romans lest they would arrest him if they had known. He had quite a crowd of people; moreover Cuza's wife who was going to Herod as well joined them.

More often than not, Jesus used to stay in Bethany at Martha's and Mary's house, both the sisters of Lazarus. [One day, these sisters told Jesus that their brother was an out and out boozer, so they feared he would not be able to take care of them].

One day, these sisters told Jesus: "We have our brother Lazarus who is an out and out boozer and we are worried that he will not be able to take care of us in the long run". Jesus heard their worry/petition and said: "Alright I will talk it over with him, he might perhaps change his mind and behave otherwise."

In actual fact, Lazarus was a rich young man and he was a close friend of Judas Iscariot. Judas was a Jew but at the same time a Roman soldier. Lazarus and Judas used to go out together to drink beer and were great womanizers. After Jesus had spoken to Lazarus of the wretchedness of running about with women and told him of the total dependence of his sisters on him, he stopped all that and joined and associated himself with Jesus' party.

When Judas saw that Lazarus had radically changed his way of living and upon hearing the words: "The kingdom of heaven is at hand," he feared that if Jesus toppled the Roman rule while he was still a Roman soldier, he would be at a loss as to where to stay, so he demobilized himself and associated himself with Jesus' party. Jonathan, being very much acquainted with Greek, used to mock Judas saying: "Judas Iscariot," that is: "Judas the soldier." Judas is the one who was appointed bursar of the party. Peter and the others often told Jesus that Judas could not act as the Party's bursar because he had an Egyptian woman runner. But Jesus' answer was simply: "All is possible with God."

In Jerusalem, there was a certain man of the tribe of David whose name was Joseph Bar Mathia. He had a son whose name was Jonathan. This boy went to Galilee for a pass time. He heard Jesus' talk and spent three days there without returning home. One day Joseph overheard his son openly telling people that it was no good paying tax to the Romans.

A certain young man, Demetrius arrived in Jerusalem from Alexandria at night during Pascal time at the house of Mr. Joseph Bar Mathia. His father was well-known to Pilate. The next day in the evening, Joseph Bar Mathia told the boy: "take your identity letters so that we may call on Pilate to let him know that you have come here." They arrived at Pilate's place. At the end of the visit, Pilate put a request to the boy: "You are the son of my friend, Alexander, and therefore today you will pass the night here." The boy, expressing his gratitude, said: "Thank you, your majesty, but I shall spend the night where I arrived." Thereupon Pilate simply said: "alright, do as you please."

Back home, Joseph Bar Mathia asked the young man thus: "Why should you refuse Pilate's hospitality that you sleep at his place?" The boy answered: "I came here especially to hear about a certain man, Jesus." Here Joseph Bar Mathia asked: "Did you pass through Galilee on your way here? I thought you came here because of this banquet. Some time back, my son Jonathan went to Galilee and stayed there three days. When I asked him where he had been, he sneered at me saying: you are a slave of the Romans; time will come when there will no more be a Jew like you, a bootlicker of the Romans, a Jew that betrays us. On a certain day, I overheard my son openly telling people that it was no good to pay Caesar's tax. I do not know what would happen if there were Pilate's reporters around." So said Joseph Bar Mathia to Demetrius. "But father, don't you believe the messiah will come?" asked Demetrius. "We all know that the Messiah will come but we can't bank on it because it is just the talk of the time and the high priests instructed that these words should not be heard in the synagogue." "Well done that you have come here, you will help me attract my boy away from Jesus." So said Joseph Bar Mathia to Demetrius. Demetrius replied: "Alright, father, I will do all that is in my power, as you please, to sweetly tear him away from Jesus."

The following morning Jonathan came to the house and the boys there showed great respect when passing before him. Demetrius knew that was Jonathan. Jonathan asked: "Who are you, if I may ask?" Demetrius answered: "I am Demetrius of Alexandria, a visitor to this house, but I know, Sir, that you are Jonathan." In reply Jonathan said, "I know for sure you are one of my father's type, the adorer of the Romans, life and body as well."

Joseph Bar Mathia, on seeing his son, hugged and kissed him saying: "Ha! My dear son, where on earth have you been?" At that very time, Jonathan wrung himself out of his arms and said: "Time is coming when there will be no Jew depreciating himself before the Romans and licking their shoes, a Jew our betrayer." This said, Jonathan went away leaving his father and Demetrius very silent. Joseph Bar Mathia said to Demetrius: "Now you have heard and seen for yourself with your own eyes, I am pleading with you, please do try and attract my son away from Jesus."

Demetrius went to Bethania where he found Jesus and his followers in the house. Peter came out, found Demetrius and asked him the reason for his coming. Demetrius answered as follows. "I am Demetrius of Alexandria and I have come here to see Jesus." Peter took Demetrius into the house. In the house there were ladies and gentlemen, and all the talking was concentrated on nothing but war. Mary Magdalene stood up and took an oilcan and anointed Jesus on the head. This signifies that Jesus will be a king. Peter said to Jesus: "This is a visitor, Demetrius from Alexandria, and has come here to see you." Demetrius stayed there three days but never forgot his mission from Joseph Bar Mathia to convince Jonathan to turn his back to Jesus. Jonathan answered saying: "It is impossible for me to get separated from Jesus; go and tell my father this; you people of Alexandria have nothing to do with our affairs here." Demetrius went back to the house of Joseph Bar Mathia and told him everything saying: "It is not Jesus holding Jonathan, no, but Jonathan is the one who is carried off by Jesus' deeds."

The chief priests arrested Jesus and asked him: "What teaching is that of yours, and who are your disciples?" Jesus answered: "I have taught in the open and in secret I have said nothing; ask those that heard me. But I am telling you too, from now you will see the son of man descending from the clouds above, sitting at the mighty right hand of God." Here the chief priest Caiphas, understanding that Jesus meant bringing war, tore his clothes saying: "You have heard that impudence, what do you think?" They all answered in unison saying: "He deserves death." At that, Caiphas said to Jesus: "Tonight you will be a prisoner till tomorrow morning when we will take you to Pilate so that he can hear for himself."

Caiphas asked Gamaliel, an expert in Roman law: "Of what crime shall we accuse this man?" This was Gamaliel's answer: "The case of this man is difficult because he has done nothing wrong or perhaps may be because he dissuades people from paying Caesar's tax."

A Jesus' First Appearance before Pilate

It was in the morning when the priests arrived at Pilate's court with Jesus already handcuffed. John, Lazarus and Demetrius arrived at the court to see the fate of Jesus, but Peter didn't. Pilate's royal chair was taken out of the court and put on the yard because it was paschal time, and Jews were afraid of being soiled if they had entered the court because it was a place for a Roman.

Pilate arrived and sat on his judgement throne and asked: "Where is this horrible prisoner of yours that you want me to see?" On Caipha's orders, the soldiers insolently brought Jesus before Pilate, but tied up. "Untie him, he doesn't seem a formidable character to me; what crime has he committed?" Pilate asked these words insolently. Caiphas refused, and abstained from saying that Jesus wanted to wage war. At that, Caiphas said: "If he was not a criminal, we would not have brought him before you, Sir." "Right, what crime has he committed?" Pilate asked again. At that, Caiphas stood up and said: -

1. This man misleads our nation.
2. This fellow heals people magically and that on the Sabbath.
3. He deters people from paying Caesar's tax.
4. He affirms that he can pull down our Synagogue and rebuild it in three days.
5. This very fellow affirms that he is no less than a king.

At this point, Pilate broke in and said to Caiphas: "Take it easy, man; all that you have said has nothing to do with us Romans. You have said: -

1. He misleads the people of your nation. We Romans have no say whatsoever about your religion. You have the power to tell people not to listen to this man.
2. He forbids people to pay Caesar's tax. Have you brought me the people he forbade?
3. This man heals people through magic. Yes, that's a crime even before the Romans but you must have highly reliable (sources) witnesses. As regards the day when a person gets healed, I am not a Jew that I care what day a person is healed, whether it is on the Sabbath or any other day.
4. He claimed that he can demolish your synagogue and rebuild it in three days. Has he in actual fact demolished it? If a person says that he can dismantle the sun, can you bring him over to me for a case? Caesar never sent me here to listen to nonsensical things of this description.
5. He says he is a king. Is there anyone here who has seen this man being anointed King? I, on my part, don't see any royal blood in his body. There is indeed someone else who aspires to the royal throne, but yours is a deceitful approach to me by bringing me such a poor person. What is his name, do you remember?" His secretary stood up and said: "Jonathan, oh king." I think it is Jonathan who wants to be

king, he can have a big following because he is of the royal family of David, your king from old days. Where is Jonathan, by the way?" His secretary stood up and said: "He has run away to the hills, Sir." People are in the habit of running away to the hills when they foresee some trouble. Some day I will go hunting to the hills, not for foxes, but for people. Certain people feel very important because they belong to the family of David, I mean Joseph Bar Mathia, but he respects Caesar." This said, people laughed. Before the eyes of the Romans, Jesus is an innocent person."

Jesus has been released to the deep humiliation of the priests. At this point, Pilate said to Joseph Bar Mathia: "My dearest friend, it has been reported to me that your son pals with this man, and if any mishap befalls him, I will say nothing, for me it is only duty of state." Here Joseph Bar Mathia stood up and said: "Well spoken, Sir. I have tried everything in my power to stop my son from this nonsense of his and I asked this boy Demetrius to draw him away from it, but it is an absolute failure." Then Pilate turned to Demetrius and said "I have heard that you too go about with this man but henceforth if you are ever found in this group, you too will be punished." In reply, Demetrius stood up and said: "Truly so, Sir, as it has already been stated, I was sent by Mr. Joseph Bar Mathia to try and draw away his son from these undesirable ways of his." "Yes, when the case was being decided your face was gloomy, but when I set him free your face was lit with delight and happiness."

After all this, Pilate thus addressed the priests: "You Jews, all of you are full of evil spirits because of your false divinities. I have already got information from my soldiers that you very much preach that people should love their enemies, and in my opinion, you mean that you should love us Romans. The trees and the flowers are a fountain of delight to you, but a house in which a Roman resides, you dare not enter." The priests knew about this mockery because the trees and the flowers were planted by Herod.

Pilate concluded: "Now you can go, if this man Jesus is ever in the wrong, never hesitate, bring him to me, and I will punish him."

When they had left the court, Peter asked Lazarus: "What is the outcome of the case?" Lazarus answered: "Jesus has been released." Peter said to Lazarus: "I know Jesus does not want war, he wants us all to go to the desert where we shall live without the Romans. There, he says, we shall be able to cut trees and build a synagogue in three days. Jesus doesn't know the Romans, they cannot allow him to move away with all the people without war."

On his way to Bethany, people assembled and Jesus sat on a tree stump. There Jesus prayed right within the hearing of the people: "If it be thy will, father, that thy kingdom come this time, direct my footsteps. And if it be thy will that thy kingdom come not now, but at the time you please, permit that I be killed, thy will be done, father." With that, all the people knew that Jesus was for war, and hence they planned as to how they could handle it. Simon the son of Judah would invade the royal house of Siloam. Let Jonathan take some people with hidden weapons and go to the synagogue as if they want to attend the morning service.

B The Battle of Jesus in Jerusalem.

The battle of Jesus came to Jerusalem. The Jews killed many soldiers and the Roman captain that was on guard in Jerusalem was cruelly done away with. Simon ran to the royal house of Siloam and captured it. Jonathan invaded the synagogue.

Jesus arrived riding on an ass while the people exclaimed Hosanna! Hosanna! The son of David. Hosanna is a Jewish word meaning "save us." He hastened to the place where domestic animals were being sold and dismantled the dove cages, cut loose all the ropes with which the sheep were tied, and all the animals fled away. He took some ropes and whipped the vendors. Some of the people would have liked to retaliate but feared because his followers were quite a multitude. (He didn't stop there) but he entered the synagogue and overturned the cash tables. The money was picked up by certain greedy people like famishing birds and said; "This is the wealthiness which Jesus had in mind when he becomes king." But none of his followers picked up the money. Jesus ascended up the altar and started offering sacrifice. There came a chief priest who said to Jesus: "By what order do you ascend the altar of sacrifice and see holy things and also unclean as you are?" Jesus answered saying: "As you have arrived at this altar, are you holy?" The priest answered firmly: "Yes, I am holy because I have bathed in this pool of David, and it is only a foot from the water to here." Here Jesus exclaimed: "Woe to you and all those of your type, that roll in this water soiled by runner women of the synagogue." At that Jesus left for Bethany, leaving Jonathan to guard the synagogue and Simon guarding the palace of Siloam.

The chief priests came together, Joseph Bar Mathia, Demetrius were there and said: "What on earth shall we do! Now we have quite a good case for Pilate. If Jesus gets arrested, Pilate will never give him an easy time because he has now breached the Roman laws. But how can we get him? We have to find a very close friend of his and give him some cash. That fellow can inform us as to where he may be found. But one thing you must know is that the typical followers of Jesus are not greedy for money. None of them picked the money that their leader dispersed. Alright, let's leave everything in the hands of Pilate, he too has soldiers of his own and he will know what to do."

The chief priests, Joseph Bar Mathia with Demetrius went to Pilate as well and found Herod there. After welcoming them and asking them the reason for their coming, the priests told him all that took place in Jerusalem saying, "The synagogue has been taken in the battle of Jesus, the palace of Siloam included. We are downcast; the Roman war captain is killed and we are prepared to help his family. If you had listened to us the day before yesterday to imprison this man, all this would not have taken place."

Herod asked: "Which Jesus is this? The Galilean? The mobile carpenter? I think that is the one. He has been very much of a pest to us in Galilee with his fairytales, especially when he insists on the approach of the heavenly kingdom. The wife of my overseer, Cuza, was drawn by these fairy tales of his. I was set on arresting him, but certain people warned him and he sent me the statement: "Go and tell that fox." "But he did come in your hands, and you set him free, Sir." At this Pilate said: "They were talking about affairs that do not concern us Romans." After that Pilate said to the priests: "Go and prepare letters of arrest for now he has breached the Roman laws." Pilate afterwards said to Demetrius thus: "I shall be happy if you are not found in this group." The priests came quite prepared and produced the letter and handed it over to Pilate. This was the form of the letter: "Whosoever will report where Jesus can be found will receive a price of thirty shillings."

C Pontius Pilate

Pilate ordered this letter to be pinned on to all the walls. Pilate brought in some more soldiers from Caesarea who overcame the battle of Jesus. They arrived in the morning, some hurried to the palace of Siloam and others to the synagogue. The soldiers demolished the palace, Simon having already killed three soldiers before he was captured. The soldier, who had hastened to the synagogue, found a junior priest, Jesus the son of Abba, offering the morning sacrifice, who was also the secretary of the priests. The soldiers seeing that Jesus the son of Abba had the mind of hiding, arrested him mistaking him for Jesus the son of Joseph, imprisoned him with priestly vestments on. Jonathan was captured but after he had killed six soldiers. He used rivaling language: "You warriors, there comes a time when there will be no more Roman sailing our tribe." He was silenced when he was hard hit on the mouth. They imprisoned him, this time Simon had already been captured.

Peter and others went to Bethany to report to Jesus that the people perished in Pilate's battle. There Jesus knew that the battle was a failure on his side. Jesus told Peter and friends to go to Nicodemus to ask for a place for eating to bid farewell to his followers. Nicodemus agreed and instructed Peter that: "On your way back, you should walk in two's but Jesus should walk with four others, not a multitude, no, for fear of his hunters for a prize of thirty shillings." "As for me, even if they had promised all the king's wealth, I would never hand him over," thus Nicodemus told Peter. Peter went and told Jesus all that Nicodemus had said.

They arrived at the house of Nicodemus at a late hour and found all the food well prepared by Nicodemus who told Peter to leave very early before dawn to the hill where there was a field planted with olives and an engine house, for making oil, spend the night in there. Very early in the morning, find your way to the desert. The meal over, they all stood up ready for the road, but Judas said to Peter: "I shall remain behind and come with the ladies because they cannot walk alone safely at a night like this." Peter was in the affirmative and told Judas to meet them at Beti Araba at the junction of the roads to Jericho and Jordan. They all left leaving behind Judas and the ladies.

Judas knew for certain that the attempts of Jesus for a battle were an absolute failure and if he were to be found in the company of Jesus, he would be in a quagmire. Instead of going with the ladies, Judas went to the chief priests and told them the where-abouts of Jesus. Judas told this to the chief priests not because of that sum of money, no, but as a cover up of the fact that he too was of the party of Jesus.

The priests gave Judas a pack of the new soldiers from Caesurae who never knew Jesus, and Judas gave them a sign of recognition that "whomsoever I shall kiss, that's the one, get hold of him." Upon arrival of Judas and the soldiers at the hill, quite a number of people fled except Peter, John and Lazarus. There was a certain young man who was using challenging language saying, "You cannot arrest the king of the Jews." When the soldiers wanted to lay hands on him, he let off his clothes in their hands and hit the road naked. Judas came to Jesus and said, "Fear not, my Lord, they don't want to inflict evil on you, they just want to take you back to Galilee where all of us will live with you." He had hardly finished talking when Jesus was already in their hands and tied his hands at the back. Peter was in a lightly mood but Jesus stopped him. Lazarus tried to throw his weight in front of the soldiers but they never cared a hoot about him and shoved him aside saying: "We have just been told to catch this Jesus alone."

At dawn they came to Pilate with Jesus. They found that the chief priests and the Pharisees were already there in the glare of lamps. This was reported to Pilate who came and sat on his royal throne. Here and now appeared the glory of Caesar which was in Pilate.

The soldiers went to bring Jonathan the son of Joseph Bar Mathia and Simon, the son of Juda. The chief priest stood up and said: "There is an accident, king, some of your soldiers have arrested Jesus the son of Abba and put him in prison, mistaking him for Jesus, the son of Joseph, and we plead with you to free him first." "You Jews, you are insane the lot of you. You want me to state case against Jesus, but you also want me to free the same," Pilate wondered. When Jesus the son of Abba (Baraba) was brought, he was found to be a priest, and he was arrested wearing sacerdotal vestments which were Caesar's power. The soldiers who arrested Jesus the son of Abba were ordered to get twenty (20) whips each, and their major should be deposed. There and then Jesus, the son of Abba, was given a chair position at the court.

The case proceeded like a war case, but summarily, they opened with the case against Simon, the son of Judah. "What case is there against this man?" Pilate wanted to know.

At that, his secretary stood up and read: "The case against this man is that of sabotage and insurrection. He had weapons and killed three soldiers before he was caught." Here Pilate's mouth emitted that disarming voice which sounded like the stroke of a hammer: "Let him be killed."

Next came the case of Jesus, son of Joseph. "What is the case being brought against this man?" Again his secretary stood up and read the following; "This man's case is that of leadership of this sabotage and insurrection. Though he did not pick up any weapon, he did nothing to stop his followers from carrying out these heinous acts. He allowed them to call him a king when he was entering Jerusalem on a donkey. When someone wants to be king in Caesar's authority, that is sabotage and insurrection and the penalty (punishment) for it is death." Those awesome words thundered once again from Pilate's mouth: "Let him be killed."

Then the army captain came in and asked: "What type of crimes have these people committed?" Pilate replied: "For those two people write: terrorism and insurgency. But for this man, Jesus, since he did not carry any weapon, just state the real reason why he has been executed: Jesus, king of the Jews. Write this in all languages: Hebrew, Greek and Latin." Then Caiphas stood up once more and said: "think carefully, O king; we did not say he is our king. We have no other king but Caesar. Your own people were shouting that this man was the king of the Jews but you did nothing to stop them." Thereupon Pilate said: "What I have written remains so."

All Black People's Anthem

Chorus

Let us offer sacrifice to the Spirit,
For behold, the Creator has come.

Verse 1

The going astray of the Black people must end,
The Creator has come.
Misunderstanding among the Black people must end,
The Creator has come.

Verse 2

Let the Black people rejoice today,
The Creator has come.
Now time is up,
The Creator has come.

Verse 3

He is the spirit of our ancestors,
The Creator has come.
Let us all be united,
The creator has come.

Verse 4

The Black people on our whole land,
The Creator has come.
All you who are lost, hear!
The Creator has come.

Gawo Loyamba

Chipani cha Yesu

Kuukila Boma la Aroma

Luke 2:1-7. Ayuda anali akapolo mgoli la Aroma. Lamulo lidatuluka kwa Kaisara Augusto kuti onse a pfuko la Davide alembedwe. Yosefe ndi Mariya adapita kukalembedwa chifukwa onse anali a pfuko la Davide.

Mateyu 4:12-18. Pamene Yesu adamva kuti Yohane wapelekedwa, iye adayambira ku Galileya chipani chache. "Ufumu wakumwamba wayandikila." Yesu akunena 'Independence' kudzilamula okha. Iye akunena mozemba kuopa kugwidwa ndi Aroma.

Yohane 10:16-21. Nkhosa zina ndilinazo. Yesu akunena Asamariya, kuti agwirizane akhale ndi mphavu kumenyana ndi Aroma. Asamariya ndi a Israeli ndi pfuko limodzi koma sanali kuyenderana, choncho Yesu adafuna kuti agwirizane nawo, akhale ndi mtsogoleri m'modzi.

Luka 6:17-19. Yesu anali ndi gulu lalikulu la Ayuda.

Luka 6:12-16. Yesu asankha khumi ndi awiri kukhala atumwi ma M.P.

Mateyu 19:27-28. Yesu anali ndi chikhulupiriro kuti Aroma agonja.

Yohane 11:47-48. Ansembe pokhala ma N.A. *[Native Authorities] Aroma anayamba kuopa, "Titani ife!" Kuopa Aroma kuti Aromawo adzaganiza kuti ansembewo agwirizana naye Yesu.*

Luka 17:3-21. Ufumu wa Mulungu sukudza ndi maonekedwe, ufumu wa Mulungu uli mkati mwa inu. (Ngati mulimbika ufumuwo ubwera.) (Independence).

Luka 22:35-38. Iye amene alibe, agulitsane chofunda chache nagula lupanga. Malupanga awiri si awa?

Mateyu 21:6-11. Nkhondo ya Yesu mu Yerusalem.

Mateyu 21:17. Yesu adasiya nkhondo ilipakati nakagona ku Betania.

Luka 13:1-5. Adafika anthu kudzauza Yesu kuti anthu aja aphedwa ndi nkhondo ya Pilato. Pamenepo Yesu adadziwa kuti nkhondo wailephera.

Luka 22:14-20. Yesu atsazikana ndi akuphunzira ache.

Luka 22:47-53. Yesu agwidwa.

Yohane 19:1-16. Ansembe ati, "Tilibe mfumu koma Kaisara."

Yohane 19:17-22. Yesu aphedwa chifukwa choukira Boma la Aroma.

Machitidwe 7:57-59. Oyamba kuphedwa ataphedwa Yesu ndiye Stefano. Saulo ndiye adasunga zobvala za anthu amene adapha Stefano. Saulo ananyengedwa ndi a nsembe kuti chipani cha Yesu ndi choipa: kuukila Boma la Aroma.

Machitidwe 8:1-3. Saulo azunza chipani cha Yesu. Chipanichi chidadziwika ndi dzina lakuti "Mpingo."

Machitidwe 9:13-19. Saulo akhala m'modzi wa chipani cha Yesu ku Damasiko kukangana ndi Boma la Aroma, atadziwa kulakwa kwache chifukwa chonyengedwa ndi Ansembe.

Aefeso 6:10-12. Paulo alemba kwa Aefeso, "Kulimbana kwathu sitilimbana nawo mwazi ndi thupi komatu maukulu ndi maulamuliro."

Machitidwe 16:14-21. Paulo ku Tiyatira. Anthu awa ndiwo Ayuda, alalikila miyambo imene siloleka ife kuilandira kapena kuichita ndife Aroma.

Machitidwe 17:6-9. Paulo ku Tesalonika. Omwe aja asanduliza dziko afika kunonso, amene achita zokana malamulo a Kaisara nanena kuti pali mfumu yina, Yesu."

Machitidwe 21 v 27-28. Paulo agwidwa.

Machitidwe 24:1-9. Munthu uyu ali ngati mlili, mtsogoleri wa a mpanduko wa Anazarene.

Machitidwe 24:13-14. Njira yonenedwa mpatuko, momwemo nditumikila mulungu wa makolo athu.

Machitidwe 25:13-16. Ansembe apempha mfumu Festo kuti aipitse mulandu wa Paulo.

Machitidwe 28:17-20. Chifukwa cha chiyembekezo cha a Israeli ndamangidwa ndi unyolo uwu.

Machitidwe 28:21-22. Pakuti za mpatuko uwu aunenera ponse-ponse.

Machitidwe 11:26. Ayuda a mpatuko wa Yesu anayamba kudziwika ndi dzina lakuti, "Anthu a Khristu ku Antiokeya. Osati Akhristu ai, koma anthu a Khristu, kutsata dzina la mtsogoleri wao Khristu. Agalatiya 3:29.

1 Yohane 5:6 Yohane atsimikiza, "Iye ndiye adadza mwa madzi ndi mwazi, osati madzi okha koma ndi mwazi, ndiye Yesu Kristu.

Mulungu - Milungu

Masalmo 81:9. Milungu ndi yambiri. Kwanu kusakhale mulungu wofuma kwina, musagwadile mulungu wa chilendo.
Masalmo 82:1. Mulungu aima mumnsonkhano wa Milungu, aweruza pakati pa Milungu.

Timve za Mulungu wa Machalichi

Eksodo 3:14. Mulungu wa Macharichi ndiye munthu, dzina lache loyamba, Ine ndine yemwe ndiri Ine.

Eksodo 15v2-3. Mulungu wa macharichi wasintha dzina nukhala Yehova. Iye ndiye wa nkhondo, dzina lache ndiye Yehova.

Yoswa 11:9-11. Yoswa akantha mudzi wa Hazori ndi lupanga lakuthwa (Yehova Mulungu wa macharichi zoonadi ndiye wa nkhondo.)

2 Mafumu 11:4-16. Yehova adayitanitsa atsogoleri a mazana opha anthu (Asilikali) azilonda nyumba ya Yehova, nyumba ya Mulungu wa macharichi, nyumba ya mfumu.

Ezara 1:1-3. Nyumba ya Yehova mulungu wa macharichi ili ku Yerusalem pa phiri.

Eksodo 24:9-11. Anthu makumi asanu ndi awiri mphambu zinai (74) adaona Yehova mulungu wa macharichi ku phiri alikudya ndi kumwa.

1 Mafumu 22:19-23. Yehova mulungu wa macharichi ndiwonama koma kuchenjela naye. Waika mzimu wonama mwa aneneri anu onse awa.

Yesaya 25:6. Yehova wa macharichi amachita phwando, kumwa vinyo wa mitsokwe, vinyo wa nsenga bwino.

Yesaya 22:12-13. Yehova Mulungu wa macharichi amalira maliro, kugwa misozi ndi kumeta. Yehova mulungu wa macharichi amaopa imfa.

Ekisodo 15:2-13. Mulungu wa macharichi wasintha dzina kukhala Yehove. Iye niye wanlhondo, dzina lache ndiye Yehova.

Yeremiya 25:27-28. Yehova mulungu wa macharichi aumiliza anthu kumwa mowa ati, "Imwani inu, kuledzera, kusanza ndi kugwa.

Ndierekezi - Satana

Luka 2:1-7. Ayuda anali akapolo mgori la Aroma. Ndiye chifukwa chache lamulo lidatuluka kwa Kaisara Augusto. Kaisara ndiye mfumu yaikulu ya Aroma.

Yohane 11:47-48. Aroma adatenga Ayuda ena kukhala ma *N.A.* nawapatsa Boma lao, kuweruza milanda yaing'ono-ing'ono monga mwa miyambo yao. Milungu yaikulu yokha ndiyo yopita kwa Kazembe wa Aroma.

Luka 6:17-19. Pamene Yesu adayamba ndale za dziko anali ndi anthu ambiri. Ndiye chifukwa chache ma N.A. (Ansembe) akudandaula "Titani ife."

Kuyesedwa kwa Yesu ndi Ndierekezi

Yohane 6:70-71. Ndierekezi kapena Satana mau onse awa ndi achilendo obwera, kunena kuti munthu woipa.

Luka 10:19-20. Yesu ati, "Ndinaona Satana alikugwa." Yesu sadaone Satana koma adalota Aroma atagonja. Ayuda anali kuona Aroma kukhala ma satana chifukwa cha malamulo ao ankhanza.

Mateyu 4:1-4. Kuyesedwa kwa Yesu koyamba. Yesu anali kuyenda-yenda kuphunzitsa ndale za dziko kukana malamulo a Roma. (Ansembe) Ndiere-kezi adaganiza kuti Yesu akuchita izi chifukwa chosowa zakudya. Choncho (Ansembe) ndierekezi adamtengela Yesu ku bwalo lao (Boma) namuuza, usiye ndale za dziko udzakhale ndi ife ndipo udzapeza zakudya zambiri." (Ansembe) Ndierekezi adaganiza kuti Yesu akopeka kusiya ndale za dziko akamva mau a zakudya, chifukwa umeneu ndi ulemu. Yesu adadziwa kunyenga kwa (Ansembe) ndierekezi, chocho Yesu adakana namachitabe ndale za dziko: uku ndiye kunena kuti asandutse miyala ikhale mikate.

Mateyu 4:5-7. Kuyesedwa kwa Yesu kachiwiri. (Ansembe) Ndierekezi adakweza Yesu pamwamba pa chimbudzi cha kachisi. Uku ndiye kunena kuti adamuuza Yesu za ulemu waukulu nati, "Usiye ndale za dziko udzakhale ndi ife, ndipo udzakhala m'modzi wa akulu ansembe." (Ansembe) Ndierekezi adaganiza kuti Yesu akopeka kusiya ndale za dziko akamva mau akuti, kukhala m'modzi wa akulu ansembe, chifukwa umeneu ndi ulemu waukulu kuposa zakudya zija. Yesu adakana namachitabe ndale za dziko. Uku ndiye kenena kuti Ndierekezi adamkweza Yesu pamwamba pa chimbudzi cha kachisi.

Ndierekezi-Satana

Mateyu 4:8-10. Kuyetsedwa kwa Yesu kachitatu kobvuta ndithu. (Ansembe) Ndierekezi adamkweza Yesu pa Phiri lalitali namuonetsa maiko onse ndi ulemerero wao. Ndiye kunena kuti ansembe adamuuza Yesu, "Usiye ndale za dziko, ndipo tidzakupatsa mbali yako, kumeneko udzakhala mkulu wa ansembe, chaulele chonse kumeneko chidzakhala chako-chako." (Ansembe) Ndierekezi adaganiza kuti Yesu sangakane kusiya ulemerero waukulu otere, chaulere kukhala chache-chache. Uku ndiye kunena kuti ndierekezi adamkweza Yesu pa phiri lalitali namuonetsa maiko onse ndi ulemerero wao.

Yesu adadziwa kunyenga kwa ansembe ma dierekezi nadziwa kuti ansembe sangafune kuchoka mgori la Aroma chifukwa iwo ndi ma *N.A.* Aroma, olipidwa, namadya ndi kunenepa ngakhale ali akapolo.Yesu pokhala wa pfuko la Davide pfuko la chifumu, sadafune mtundu wache kukhala akapolo mgori la Aroma. Choncho Yesu adakana ulemu uli wonse, nasankha kufela ndi kuombola mtundu wache mgori la Aroma. (Ndierekezi) Satana sikanthu kapena kanyama koyenda-yenda kunyenga anthu ai. Satana kapena ndierekezi ndiye kuti munthu woipa. A macharichi poona kuti mau onsewa ndi achilendo, adatenga mau amenewa kwasandutsa mizimu yoipa yokhala kumwamba kunyenga nao anthu. Tsopano mucha kuti a macharichi ndiwo ma satana ma dierekezi.

Yeremiya 8:8-12. Abusa a Macharichi alibe manyazi kunyenga abale ao kupembedza mafano achilendo chifukwa cha ndarama (Mika 3:11-12).

Yeremiya 5:26-28. A macharichi adikila monga akucha misampha, acha khwekhwe (Charichi) kugwira anthu osati mbalame ai. Charichi ndi chi- kwere kuti adzilanda ndarama anthu mosabvuta.

Yesaya 56:10-12. Abusa a macharichi ali agaru osusuka, osakhuta, yense kutsata phindu lache mdela lache.

Chinyengo cha a Macharichi

Dzina la Yesu lidabwera kuno ndi azungu kudzanyenga anthu kuti Yesu ndiye mpulumutsi wa anthu onse pamodzi ndi anthu akuda omwe. Ife anthu akuda tikukana bodza limeneli. Ife takhala mu ukapolo wa azungu zaka zambiri chifukwa cha dzina la Yesu.

Deut. 20:10-13. "Mukafuna kuchita nkhondo mudzipfuula ndi mau akuti, mtendere. Anthuwo akakulandilani osachita nanu nkhondo, anthu onsewo akhala alambi anu adzikutumikilani. Munthu angakhale kaye ndi mfumu dzina lache ndi "Iwe," chifukwa cha dzina la Yesu.

Numeri 33:50-53. Atafika azungu dziko lathu adagawana-gawana chifukwa cha dzina la Yesu. Makolo athu analibe malo olima, anali kugwira thangata, ngati alephera kugwira thangata mzungu anali kuzula chimanga cha munthuyo, chifukwa cha dzina la Yesu. Ife anthu akuda tidaletsedwa kupe- mbedza Namalenga kupyolera m'mizimu ya makolo athu. Azungu anali kunena kuti mizimu ya makolo athu ndi mafano chifukwa adafa. Kufa ndi kumodzi. Azungu amafa, anthu ife timafanso. Abraham, Isake, Yakobo, Yosefe, Mariya, Yesu, Petro, Yohane, Luka, onsewa ndi makolo a azungu. Koma ngati eni ache azungu anena kuti makolo awowo ali ndi moyo, izo ndi zao zilibe kanthu ndi ife anthu akuda.

Yeremiya 5:26-28, Mika 3:11-12. Azungu adatenga abale athu ena kukhala makapitao a macharichi olipidwa, nawaphunzitsa kunyenga kwache kuti ife tikhalebe mu ukapolo wa azungu, ife poona makapitao aja alikulimbika tidziganiza kuti akunena zoona chifukwa ndi abale athu. Makapitao ame- newa... amenewa amalimbika kupemphera Yesu kuti mpulumutsi wao, kunyenga abale ao chifukwa cha ndarama, kukonda mipando ya ulemu m'maphwando ndi kudya mitu ya nkhumba pa maliro.

Maliro 5:12-15. Ife chifukwa cha ukapolo, mafumu athu anali kunyozedwa, tinali kugwira ntchito yopanda malipiro, abale athu anali kuphedwa ndi azungu, masewela ndi nyimbo zathu zidasanduka maliro chifukwa cha dzina la Yesu. Macharichi ndi Yesu wao anali mom'muno koma osatiombola.

Gawo Lachiwiri

Chipembedzo cha Makolo Achikuda - Kutha kwa Macharichi Mdziko la Africa

Africa wadzuka: Munthu wakuda ayenera kuzindikira kuti Africa wadzuka chifukwa mtundu uli wonse wa anthu wabwelera ku zachezache molingana ndi dziko lawo. (monga bukhu lawo linena pa Mika 4:5). Zindikirani kuti Africa ali nacho chipembedzo chache ndiponso miyambo yache-kutsata zomwe anali kuchita Makolo awo kale (Nsembe) chifukwa Mulungu atanthauza Mzimu. (Monga bukhu lawo linena pa Yeseya 26: 14, Yohane 4: 24, Masalmo 81:8-9). Africa ndilo dziko la anthu akuda okha basi, dziko labwino ndiponso anthu ache abwino opanda tsankho kuposa amitundu ina amene ali ndi tsankho. (Monga bukhu lawo linena pa Deut. 13:6). Africa wakhala nthawi yaitali mumdima kuwerenga nthano za Azungu (Ayuda). Bukhu lawo lichedwa kaunjika (Bible) chifukwa anaika pamodzi mabukhu makumi asanu ndi limodzi kudzanso ena mabukhu asanu ndi limodzi (66) olembedwa ndi anthu osiyana-siyana. Africa wakhala mu mdima nthawi yonseyi chifukwa chonyengedwa ndi anthu ena achilendo amene anafika mdziko la Africa kudzachita malonda ndi amenenso anali mdziko la Aigupto mu ukapolo (chifukwa cha njala) monga bukhu lawo linena pa Deut 6:18. Eksodo 12:37, Numeri 14:1, atathawa kwawo chifukwa cha njala, (monga bukhu lawo linena pa Genesis 42, Numeri 11:4).

Mpulumutsi

Mdziko la Africa muli atsogoleri kapena kuti apulumutsi amene anapulumutsa abale awo kuchokera mu ukapolo wa atsamunda kapena kuti mu ulamuliro wachilendo mdziko lawo lawo lino. MWACHITSANZO: Nayenso Yesu anapulumutsa abale ache (AZUNGU) Agalatiya 5:1-3 kwao ku Israeli-monga bukhu lawo linena pa Mateyu 15:24, Mateyu 19:27, Mateyu 27:37, Machitidwe 10:28, Chibvumbulutso 5:5, Chibvumbulutso 3:9, Chibvumbulutso 7:5, izi zonse zinachitika kwawo kwa Azungu, osati mdziko la anthu Akuda ai.

Macharichi

Macharichi anabwera mdziko la Africa kudzanyenga anthu akuda kuti asiye chipembedzo chawo natsata chipembedzo chonama kwa Munthu Wakuda cha Yesu amene anali Mzungu yemwe anapachikidwa pa mtengo ndipo anafa kale kwawo. Chimene chiri chiphunzitso chopanda phindu kwa munthu Wakuda-zotsatira zache munthu akusiya miyambo yache ndipo akufa msanga. (monga bukhu lawo linena pa 1 Akorinto 1:23, Yohane 12:12, Eksodo 21:16, Marko 7:10). Yesu anali wandale amene anafuna kumenyana ndi Boma la Aroma kwawo ku Israeli kapena kuti ku Kanani ndipo anaphedwa ndi Aroma, sanadzuke ndiponso sanauke ai, bodza, ndipo zonena kuti Yesu anapita ku mwamba zinali za bodza. (Monga bukhu lawo linena pa Marko 12:18, ndi 1 Akorinto 15:12, Mlaliki 3:19).

Mtanda

Zindikirani kuti mtanda utanthauza ukapolo. Dziwani kuti Yesu anapachikidwa pamtengo (pa mtanda) chifukwa anali kapolo wa Aroma. Munthu wopachikidwa pamtanda kapena pa mtengo, munthuyo amachedwa kapolo kapena kuti ali wotembereredwa ndi Mulungu Yehova, (monga bukhu lawo litiuza pa Deut. 21:22, Agalatiya 3:13, Yoswa 8:29).

Ubatizo

Ubatizo utanthauza kukhala munthu wolimba mtima – kukhetsa mwazi kapena kulimba mtima pa nkhondo osachita mantha. (monga bukhu lawo linena pa 1 Yohane 5:6, Luka 22:35, Mateyu 10:34, (chifukwa Yehova ndi wankhondo). Eksodo 15:3). Monganso nyimbo ija imati *Tiyeni Akristu nkhondo tiigwire, Yesu Mbuye wathu atisogolera*. Nyimbonso ija yoti: *Akristu limbikani imani mtimanji.*

Adam

Nthano ya Adamu ndi Hava zitanthauza mwamuna ndi mkazi kapena kuti Nkhalamba yaimuna ndi nkhalamba yaikazi, nthawi zina dziko ndi mfumu yache, chifukwa ku Israel kunali nkhalamba zachizungu – nkhalamba zinalipo zitatu zomwe iwo anali kuzilemekeza monga Adam, Seti, Enos. Izi zitanthauza kuti imeneyi ndiyo mbiri ya ana a Israel (Azungu). kuchokera mibado imeneyi panalinso anthu ena atatu monga Abram, Isaac, Yakobo, onsewa anali (azungu); mitundu imeneyi inali kudziwika kuti mtundu wa a Israel osati anthu akuda ai chifukwa Abraham, pamodzi ndi Yesu yemwe anapulumutsidwa ndi anthu Akuda (monga bukhu lawo linena pa Mateyu 2:13, Genesis 12:10, Genesis 13:1,41:1). Azungu ali ndi dziko lao, Amwenye alinso ndi dziko lao ndiponso anthu Akuda ali ndi dziko lawo ndilo Africa (monga bukhu lawo linena pa Deut. 13:6, Numeri 26:5-9, Yeremiya 13:23).

Kuyimba Nyimbo pa Maliro

Munthu amene amayimba nyimbo pa maliro nachula anthu a kwina kwache amachedwa wamisala, kapena kuti chitsiru. Chifukwa maliro ndiko kulira, kumvera chisoni pa imfa. Azungu pamodzi ndi Amwenye nawonso amalira maliro pamene m'bale wao amwalira – sayimba nyimbo ai. (Monga bukhu lawo linena pa Mateyu 2:18, Yohane 11:33-36, Aroma 12:14-15, 2 Samuel 18:32-33.

Mvano Kapena kuti Legio

Tanthauzo la mvano kapena kuti Legio zitanthauza kuti munthu wamisala kapena kuti akazi amisala-chifukwa panali mzungu wina dzina lache Legio kwawo kwa azungu amene anali wamisala. Monga bukhu lawo linena pa Luka 8:27-30. Akazi achizungu saloledwa kukhala a mvano chifukwa ama-dziwa kuti mvano kapena kuti Legio ndiko kutanthauza misala. (Monga bukhu lawo linena pa 1 Akorinto 14:34). Kapena gulu la nkhondo.

Kutha kwa Dziko

Kutha kwa dziko ndiko kulandana maufumu ndiponso ngati munthu amwalira kwa iye dziko latha. Choncho m'badwo wina upita wina nufika koma dziko silidzatha ai. (monga bukhu lawo linena pa Mlaliki 1:4, Levitiko 25:10, Chibvumbulutso 21:1).

Kuvina Magule a Makolo

Kuvina magule a Makolo ndiko kutsa khalidwe la makolo athu. Pakuti mtundu uli wonse wa anthu uli ndi magule ache ndi myambo yawo. Nga-khale azungu omwe ali ndi magule a makolo awo. (Monga bukhu lawo linena pa Maliro 5:15). Pamene mtundu wa Ayuda unatengedwa mu ukapolo ku Babulo (monga bukhu lawo linena pa Yeremiya 39:1), unaletsedwa kuvina magule a makolo awo ndipo Yeremiya anali kulilira gule wawo. Pamene anafika mdziko la anthu Akuda (Africa) anayamba kuletsa gule wa makolo Achikuda, chifukwa anadziwa kuti magule Achikuda anali aphindu malinga ndi chipembedzo chawo.

Kufotokoza

Anthu Achikuda anali kusunga miyambo yawo. Koma chifukwa conyengedwa ndi Azungu anayamba kusiya miyambo yawo nayamba kutsata miyambo ya alendo, Azungu. Chikristu chomwe chinafika mdziko lino la Africa ndi cholinga chofuna kulanda dziko ndikuchitamo malonda awo; (monga bukhu lawo linena pa Numeri 33:52, Deut 20:10). Chikristu chinayamba kuphunzitsa upandu mdziko la Africa kupyolera m'bukhu lawo lochedwa "Kaunjika" Bible) – monga: nkhondo, chigololo, ufiti, (monga bukhu lawo linena pa za Nkondo: Numeri 33:50-54, Deut. 20:10, 1 Mafumu 15-16, Mateyu 10:34, Luka 19:27. Chigololo: Genesis 19:30, Genesis 30:14, Eksodo 22:16, 2 Samuel 11:2, Yohane 8:1. 1 Akorinto 5:1. ufiti:- 2 Mafumu 6:28, 1 Samuel 10:1-4.

Chauta   Mphambe   Namalenga

Mau a chipembedzo cha makolo achikuda

Bambo Hareya W. Kom'mwa c/o Bambo Machado Chikanzi
P.O. Box 1634
Blantyre.

Chipembedzo cha makolo achikuda – The African Ancestors' Religion.

Gawo Lachitatu

Kubadwanso kwa Makolo Achikuda - Chipembedzo cha Achikuda

Kalata yofotokoza kasamalidwe ka Chipembedzo ndi Miyambo ya Makolo Achikuda.

1. Kudekha mtima, kumvera chisoni anzathu pa mabvuto.
2. Chikondi pa Banja nthawi zonse.
3. Kukondana tonse wina ndi mzache.
4. Kuthira Nsembe m'banja mwathu (kukhwisula).
5. Kuthira Nsembe ya dziko pa chaka (kuti mizimu isangalale).
6. Kumvera makolo athu (mlengi wachiwiri).
7. Kumvera chilamulo cha mdziko (Boma).
8. Kusunga miyambo pa maliro:-
    a) Azimai asamafike ku manda (koma akhale patali pang'ono).
    b) Ana asapite ku manda kapena kuona mtembo pa maliro. (kuti matenda ndi imfa zichepe mdziko).

9   Kulanga ana akazi ndi ana amuna miyambo ya makolo athu akale.
10 Kulemekeza nkhalamba.
11 Kusunga maina a makolo athu akale.
12 Kubvala moyenera, (osachititsa manyazi makolo athu).
13 Kupewa kuba.
14 Osapha munthu, (kapena kuchita chiwembu mzako).
15 Osachita zoipa ndi mkazi wa mwini kapena mkazi ndi mwamuna wa mwini.
16 Osalumbila dzina la chauta kapena 'makolo' omwe adafa kale pachabe.
17 Tiombe m'manja ndi kugwada polemekeza mizimu ya makolo athu amene adafa kale, osaiwala kuchula dzina la Chauta, Mphambe, Leza, M'bona, Kalonga, Namalenga (ndinso dzina la kholo lanu yemwe adamwalira kale).
18 Kubvina magule a makolo athu, (kuti nayo mizimu isangalale).
19 Pa masiku atatu kapena anai oyandikira tsiku la Nsembe tonse tikhale ozizira.

Gawo Lachinayi

Imfa ya Yesu wochedwa Khristu ku Yerusalem ku Yudeya

Kunena za Kaunjika (Bible) anthu a macharichi, iwo amada Ayuda kuti adapha Yesu wopanda chimo, kusiya Aroma amene adapha Yesu. Inu owerenga muona chodabwitsa kumva kuti Yesu adagwidwa kawiri kupita naye kwa Pilato, kazembe wa Aroma. pamulandu oyamba anamasulidwa naphedwa pa mulandu wachiwiri.

Dziwani kuti Ayuda anali akapolo mgoli la Aroma, ndipo Aroma'wo adatenga Ayuda ena kukhala ma Native Authority (ma V.A.) ndipo mafumu amenewa (Ansembe) anapatsidwa Boma lao kuweruza milandu yaing'onoing'ono malinga ndi miyambo yao, koma milandu yaikulu yokha ndiyo yopita kwa Pilato, kazembe wa Aroma. Mafumu'wo anali kukhometsa nsonkho wa Kaisara, ndipo anali kulipidwa ndarama zambiri malinga ndi ukulu wao. Herode ndiye anali kazembe woyang'anila dela la Galileya, pamene Pilato anali kazembe wa Yudeya pa nthawi imeneyo. Pilato anali kupita ku kachisi pa nthawi yache kukatenga ndarama za nsonkho. Pilato akafika Muyerusalem kudzatenga ndarama, mafumu aja (Ansembe) anali kupita usiku ku nyumba kwa Pilato atatenga ndarama zambiri m'dengu (basket). Pamwamba pache ataika zipatso kuti anthu asadziwe kuti atenga ndarama kukahonga kuti nchito za pamwamba zonse zizipatsidwa kwa mafuko ao okha (Ansembe).

Kale mafumu (Ansembe) anali kusankhana ndi eni ache Ayuda malinga mwa mwambo wao koma pambuyo pache Ansembe anayamba kuikidwa ndi Pilato chifukwa cha kuhonga kuja. Ansembewo pamodzi ndi anthu awo anali kuwada Aroma'wo chifukwa chakupachika zithunzi-thunzi za nkhumba m'miseu yonse, chimene chinali chipongwe pamaso pa Ayuda chifukwa nkhumba inali chinthu chosayenela ndi chonyansa kwa Ayuda. Mafumu'wo (Ansembe) anali kuuza ana ao kuti osapatsana moni wa padzanja ndi munthu osakhala mYuda. Apa anali kunena Aroma kuti udani wao usathe.

Pamene Pilato anali kulowa mYerusalem kukatenga ndarama za nsonkho, mafumu (Ansembe) ndi anthu ao anali kupita kukamulandila koma mafumu aja atabvala za m'manja (gloves) nampatsa Pilato moni wa padzanja. Ana aja pofunsa, "Bwanji", mwagwirana pa dzanja ndi munthu wosakhala mYuda? Mafumu'wo anali kuyankha nati, "ife tinabvala za m'manja (gloves) choncho tilibe uchimo ngati tigwirana pa dzanja ndi munthu wosakhala m'yuda. Pambuyo pache Pilato adadziwa zimenezi. Atabwera ulendo wina Pilato kuzatenga ndarama za nsonkho, mafumu ndi anthu ao adapita kukamulandila koma mafumu atabvala za m'manja zija. Mafumu aja anafuna kukampatsa Pilato moni wa pa dzanja koma Pilato adathawitsa dzanja lache osalandila moniyo.

Yesu anayambila ku Galileya kuphunzitsa ndale za dziko nati, "ufumu wa kumwamba wayandikila," kunena *Independence*". Iye anali kuopa Aroma kuti asadziwe chimene akunena kuopa kugwidwa. Iye anali ndi anthu ambiri ndiponso mkazi wa Khuza amene anali kupitanso kwa Herode anaphatikana nao.

Yesu anali kukhalitsa ku Betaniya ku nyumba ya Malita ndi Mariya alongo ache a Lazaro. Tsiku lina alongo ache a Lazaro adamuuza Yesu nati, Ife tilinaye mulongo wathu Lazaro, iye amakonda kumwa mowa kwambiri ndipo ife timada nkhawa kuti kapena sadzatha kutisamala." Yesu adamva pempho la Marita ndi Mariya ndipo adati, "Chabwino ndiyesa kunena naye kapena angasiye ndi kusintha makhalidwe ache oterewa.

Lazaro zoonadi anali m'nyamata wa chuma koma adakondana kwambiri ndi Yudasi Iskaliote. Yudasi anali Myuda koma anali nsilikali wa Aroma. Lazaro ndi Yudasi anali kuyendera pamodzi kopita ku mowa ndiponso anali okonda kuthamanga ndi azimai liwilo lofanalo. Yesu atanena naye Lazaro za kuipa kwache kwa kuthamanga ndi azimai ndiponso pomulongosolera za alongo ache aja onse awiri akutsamila pa iye, choncho Lazaro adasiya makhalidwe ache aja nadziphatika ku chipani cha Yesu.

Yudasi ataona kuti Lazaro wasintha makhalidwe ache ndiponso pakumva za mau aja 'Ufumu wa kumwamba wayandikila,' Yudasi adaopa kuti ngati Yesu agonjetsa Aroma, iye ali chikhalire msilikali wa Aroma sadzaona pokhala. Choncho Yudasi adasiya usilikali uja nadziphatika ku chipani cha Yesu. Jonathan pokhala amadziwa bwino chinenero cha Chigriki, anali kumchita Yudasi chipongwe kuti 'Yudase Iskaliote,' kunena kuti 'Yudase nsilikali.' Yudasi ndiye adasankhidwa kusunga thumba la ndarama za chipani. Petro ndi ena anali kumuuza Yesu kawiri-kawiri kuti: Yudasi sangathe kusunga thumba la ndarama za chipani. Yudasi ali ndi mkazi wa chiwerewere wa ku Igupto;" koma kuyankha kwa Yesu akangoti, "Zonse zitheka ndi Mulungu."

m'Yerusalem munali munthu wa pfuko la Davide dzina lache Joseph bar Mathia. Iye anali ndi mwana dzina lache Jonathan. Mwanayu adapita ku Galileya kocheza, iye anamva zonena za Yesu nakhala kumeneko masiku atatu osabwera. Tsiku lina bambo wache adamva mwanayu akunena poyela kwa anthu kuti, sikwabwino kupeleka nsonkho kupatsa Aroma.

Mnyamata wina Demetrio wa ku Alexandria nthawi ya Pasika anafika ku Yerusalemu ku nyumba ya Bambo Joseph bar Mathia nthawi ya usiku. Mnyamata ameneyu bambo wache anali wodziwika bwino ndi Pilato. M'mawa atatha kucheza nthawi ya madzulo, Joseph Bar Mathia anamuuza mnyamatayo kuti,: "tenga makalata ako tipite kwa Pilato, iyenso akadziwa kuti iwe wafika kuno." Anafika kwa Pilato. Atatha kucheza, Pilato adampempha mnyamatayo nati, "Iwe ndiwe mwana wa bwenzi langa Alexandro, ndipo lero ugona kuno." Mnyamayayo adathokoza nati, "Zikomo mfumu koma ndikagona komwe ndifikila." Pamenepo Pilato adangoti "Chabwino chita monga wafunila."

Atafika ku nyumba, Joseph Bar Mathia anafunsa mnyamatayo nati, "Bwanji" iwe kukana ufulu umene Pilato anakuchitila kuti ugone ku nyumba kwache?" Mnyamatayo adayankha nati, Ine ndafika kuno maka-maka kudzamva za munthu wina, Yesu." Pamenepo Joseph Bar Mathia anafunsa, "Kodi iwe wadzela ku Galileya pobwera kuno? Ine ndimaganiza kuti wafika kuno chifukwa cha phwandoli." Tsiku lina mwana wanga Jonathan anapita ku Galileya nakhala komweko masiku atatu. Nditamufunsa kuti unali kuti, iye adandilalatila nati," Inu ndinu kapolo wa Aroma, ikudza nthawi imene sipadzakhalanso m'Yuda wonga inu oseteka nsapato za Aroma, m'Yuda otipeleka." Tsiku lina ndidamva mwana wanga akunena poyela kuuza anthu kuti sikwabwino kupeleka msonkho wa Kaisara. Sindidziwa chimene chidakaoneka ngati pakadakhala azondi a Pilato, adatero Joseph Bar Mathia kuuza Demetrio. "Kodi Bambo simukhulupirira kuti Mesiya adzafika?" adafunsa Demetrio. "Ife tonse timadziwa kuti Mesiya adzafika koma ndizosakhulupirika chifukwa mau amenewa angonenedwa wamba, koma akulu ansembe adaletsa kuti mau amenewa asamamveke m'kachisi." "Iwe wachita bwino kufika kuno, undithandize kukopa mwana wanga asiyane ndi Yesu." Adatero Joseph Bar Mathia kuuza Demetrio. Demetrio adayankha, "Chabwino Bambo, ine ndiyesetsa ndi mphamvu zanga zonse kukopa mwana wanu monga mufuna kuti asiyane ndi Yesu."

Kutacha nthawi ya m'mawa Jonathan anafika ku nyumba kuja, ndipo anyamata a pa nyumbapo anali kuonetsa ulemu popita pamaso pache. Demetrio adadziwa kuti uyu ndiye Jonathan. Jonathan anafunsa, "Kodi inu ndani?" Demetrio adayankha, "Ine ndine Demetrio wa ku Alexandria, mulendo wa nyumba ino, koma ine ndidziwa kuti inu ndinu Jonathan." Jonathan adayankha nati, "Ine ndidziwa kuti inunso muli ngati m'modzi wokhala ngati bambo wanga, wolambila Aroma moyo ndi thupi lomwe."

Joseph Bar Mathia atamuona mwana wache adamgwira namphyomphyona nati, "Ha! Mwana wanga, nanga unali kuti?" Nthawi yomweyo

Jonathan adapulumuka m'manja a bambo wache aja nati, "Ikudza nthawi imene sipadzakhalanso mYuda olambila ndi kutseteka nsapato za Aroma, mYuda otipeleka." Pamenepo Jonathan adachoka kusiya bambo wache ndi Demetrio ali chete. Joseph Bar Mathia adanena kwa Demetrio, "Tsopano wamva ndipo waona wekha ndi maso ako, chonde tayesa kukopa mwana wanga asiyane ndi Yesu."

Demetrio adapita ku Betania napeza Yesu ali m'nyumba ndi anthu ache. Petro adatuluka napeza Demetrio namulonjela. Demetrio adayankha nati, "Ine ndine Demetrio wa ku Alexandria ndafika kuno kufuna kuona Yesu. Petro adamtenga Demetrio nalowa onse m'nyumba. M'nyumbamo munali azibambo ndi azimai, macheza onse anali m'nyumbamo ndiye za nkhondo zokhazokha. Mariya wa Magadala adaima natenga nsupa ya mafuta namdzoza Yesu pa mutu. Uku ndiye kunena kuti Yesu akhala mfumu. Petro adanena kwa Yesu, "Uyu ndi mulendo Demetrio wa ku Alexandria wafika kuno kudzaona inu." Demetrio adakhala kumeneko masiku atatu koma sadaiwale za ntchito ija adatumidwa ndi Joseph Bar Mathia kukopa Jonathan kuti asiyane ndi Yesu. Jonathan adayankha nati, "Nkosatheka ine kusiyana ndi Yesu. "Pita ukauze bambo wanga choncho. Inu anthu a ku Alexandria mulibe nazo kanthu zinthu za ife kuno." Demetrio adapitanso ku nyumba kwa Joseph Bar Mathia namuuza zonse nati, "Si Yesu amene akugwira Jonathan ai, koma ndi Jonathan amene akukondedwa ndi zochita za Yesu."

Akulu ansembe (mafumu) adakagwira Yesu namfunsa, "Chiphunzitso chako ndi chotani, nanga ophunzira ako ndani?" Yesu adayankha: "Ndaphunzitsa poyela ndipo mtseri sindinanene kanthu, afunseni iwo amane adandimva ine. Koma ndinenanso kwainu, kuyambila tsopano mudzaona mwana wa munthu akubwera pa mitambo ya kumwamba atakhala pa dzanja la manja la mphamvu la Mulungu." Pamenepo mkulu wa nsembe (mfumu) Kayafa, pozindikila kuti Yesu akunena kubwera ndi nkhondo, anang'amba zobvala zache nati, "Mwamva mwanowo, muganiza bwanji?" Onse adayankha ndi mtima umodzi nati, "Ali oyenela imfa." Pamenepo Kayafa adanena kwa Yesu, "Lero ukhala wa ndende kuno kufikila mawa m'mawa pamene ife tidzakutengela kwa Pilato kuti akamve yekha."

Kayafa adafunsa Gamalieli amene anali wodziwa bwino malamulo a Aroma. "Kodi munthu ameneyu tikamneneza mulandu wanji?" Gamalieli adayankha, "Mulungu wa munthu uyu ndi wobvuta chifukwa iye sadachite kanthu, kaya pokhapo kuti iye amaletsa anthu kupeleka msonkho wa Kaisara.

A. Yesu kwa Pilato Koyamba

Inali nthawi ya m'mamawa, ansembe adafika naye Yesu kwa Pilato koma ali womangidwa. Yohane, Lazaro ndi Demetrio adafika kubwaloko kuti akaone chimaliziro cha Yesu, koma Petro sadafike kubwaloko. Mpando wachifumu wa Pilato unatulutsidwa mkhoti nauyika pa bwalo chifukwa imeneyo inali nthawi ya Paska, ndipo Ayuda adaopa kudetsedwa ngati atalowa mkhoti chifukwa ndimokhalamo m'Roma.

Adafika Pilato nakhala pa mpando wache wachiweruzo nafunsa, "Wandende wanu woopsa amene mufuna kuti ndimuone alikuti?" Atalamula Kayafa, asilikali anamtengela Yesu pa maso pa Pilato mwachipongwe koma ali womangidwa. "M'masuleni, ameneyu saoneka kukhala woopsya kwa ine, chimo lache nchiani?" Pilato adafunsa mau amenewa mwachipongwe. Kayafa adakana, koma adaopa kunena kuti Yesu afuna kuchita nkhondo. Pamenepo Kayafa adanena nati, "Akadakhala wosachimwa sitikadamtengela kwa inu, mfumu." Adatero Kayafa. "Inde chimo lache nchiani?" adafunsanso Pilato. Pamenepo adaima Kayafa nanena:-

1. Munthu uyu amapanduza anthu a mtundu wathu.

2. Munthu uyu amachiritsa anthu ndi tsenga ndiponso pa tsiku la Sabata.

3. Amaletsa anthu kupeleka nsonkho wa Kaisara.

4. Iyeyu amanena kuti angathe kugwetsa Kachisi wathu ndi kum'manganso masiku atatu.

5. Iyeyu amanena kuti ndi mfumu imene, ameneyu.

Pamenepo Pilato adamdzudzula Kayafa nati, "Musanene mwaphuma bambo, zonse mwanenazi zilibe kanthu ndi ife Aroma. Mwanena kuti:-

a) Kupanduza anthu a mtundu wanu. Ife Aroma tilibenazo kanthu za chipembedzo chanu. Inu mulinayo mphamvu kumuletsa pouza anthu anu kuti asamvere munthu ameneyu.

b) Amaletsa anthu kupeleka msonkho wa Kaisara. Kodi anthu oletsedwa'wo mwanditengela?

c) Munthu uyu amachiritsa anthu ndi tsenga. Inde, uwo ndi uchimo pamaso pa Aroma koma mukhale ndi mboni zeni-zeni. Kunena za tsiku limene munthu amachilitsidwa ine sindine m'Yuda kuti ndisamale za tsiku limene munthu amachilitsidwa kaya la sabata kapena lina.

d) Iyeyu amati angathe kugwetsa Kachisi wanu ndi kummanganso pa masiku atatu. Kodi Kachisiyo wagwetsa? Ngati munthu anena kuti angathe kugwetsa dzuwa, inu mumtengela kwa ine kuti ndimuimbe mulandu? Kaisara sadandiyike kuno kuti ndidzidzamva zoterezi.

e) Iye amati ndi mfumu. Kodi alipo wina wa inu waona munthu uyu akudzozedwa kukhala mfumu? Koma ine sindiona munthu uyu kukhala ndi mwazi wa ufumu mthupi mwache. Alipo wina afuna kukhala mfumu, koma inu mufuna kunyenga ine, kunditengela munthu wosauka uyu. Paja dzina lache ndani? Pamenepo adaima mulembi wache nati, "Jonathan mfumu." Ndiona ndi Jonathan ameneyu afuna kukhala mfumu, iye angathe kukhala ndi anthu ambiri chifukwa iye ndi wa pfuko la Davide mfumu yanu yakale-kale. Kodi Jonathan ali kuti?"

Adaima mulembi wache nati: "wathawira ku mapiri mfumu." Anthu azolowera kuthawira ku mapiri akadziwa kuti paoneka vuto. Tsiku lina ndidzapita kukasaka ku mapiri osati ankhandwe ai koma anthu. Anthu ena amanyada chifukwa ndi a pfuko la Davide mfumu yanu yakale-kale. Alipo wina pano wa pfuko la Davide amene nonse mumdziwa bwino, Joseph Bar Mathia, koma iye alemekeza Kaisara." Pamenepo anthu adaseka. "Pamaso pa Aroma Yesu alibe chimo."

Yesu anamasulidwa ndipo ansembe adagonjetsedwa mwachipongwe. Pamenepo Pilato adanena kwa Joseph Bar Mathia, "Bwenzi langa ndamva kuti mwana wanu wagwirizana ndi munthu ameneyu, ndipo ngati choipa chimgwera ine ndilibe kanthu, ine ndi nchito basi." Pamenepo adaima Joseph Bar Mathia nati, "Mwanena bwino mfumu. Ine ndamulephera mwana wanga kuti asiye za mphulupulu zachezi ndipo ndidamtuma mnyamata uyu Demetrio kuti ayese kumkopa koma walephera." Pamenepo Pilato adatembenukila kwa Demetrio nati,

"Ndamva kuti iwenso umayenda ndi munthu ameneyu koma ngati udzapezedwa uli mgulu limeneli, iwenso udzalangidwa." Pamenepo Demetrio adaima nati, "Zoonadi mfumu, monga mwamva kale, kale ine ndinatumidwa ndi Bambo Joseph Bar Mathia kuti ndimkope mwana wao kuti asiye njira zachezi." "Inde pamene mulandu unali kunenedwa ndinaona nkhope yako inali ya chisoni, koma pamene ndam'masula paja ndaona nkhope yako inali yosangalala ndi yokondwa."

Pilato adanenanso kwa ansembe, "Inu Ayuda nonsenu muli odzazidwa ndi ziwanda chifukwa cha mafano anu. Ine ndamva kale kuchokela mwa asilikali anga, kuti amalalika kwambiri kuti muzikonda adani anu, ndipo ine ndimaganiza kuti akunena kuti mudzikonda ife Aroma. Inu mukondwera ndi mitengo ndi maluwa koma nyumba imene akhala m'Roma, inu simufuna kulowamo. Ansembe adadziwa za chipongwecho chifukwa mitengo ndi maluwa amenewa adadzala ndi Herod. Pilato adanenanso, "Tsopano pitani, ngati munthu uyu Yesu adzachimwa musadzadodome, mudzabwere naye ndipo ine ndidzamulanga."

Atachoka pa bwalo la milandu, Petro adafunsa Lazaro, "Mulandu watha bwanji? Lazaro adayankha, "Yesu wamasulidwa." Petro adanena kwa Lazaro, Ndidziwa Yesu safuna nkhondo, iye afuna ife tonse tipite ku chipululu kumene tikakhale opanda Aroma. Iye ati, Kumeneko tikatha kudula mitengo ndikumanga kachisi pa masiku atatu. Yesu sadziwa Aroma, iwo sangalole Yesu kutenga anthu onse kuchoka nao popanda nkhondo."

Ali pa njira kunka ku Betaniya anthu adasonkhana, Yesu nakhala pa chitsa. Pamenepo Yesu adapemphera momveka bwino kwa anthu: - Ngati kuli kufuna kwanu Atate kuti ufumu wanu udze nthawi ino, tsogolerani mapazi anga. Ndipo ngati kuli kufuna kwanu kuti ufumu wanu usafike nthawi ino, udzafike nthawi imene mufuna inu, lolani ine ndiphedwe, kufuna kwanu kuchitidwe, Atate." Pamenepo anthu onse adadziwa kuti Yesu walola nkhondo. Pamenepo anthu adapangana kachitidwe kache ka nkhondo. Simon mwana wa Yuda ndiye akagwire nsanja ya Siloam. Jonathan atenge anthu ali ndi zida zobisa apite ku kachisi ngati anthu ofuna kuonela nsembe ya m'mawa.

B. Nkhondo ya Yesu m'Yerusalem

Idafika nkhondo ya Yesu m'Yerusalem. Adapha asilikali ambiri Ayuda, ndiponso mkulu wa nkhondo wa Aroma anali kulonda m'Yerusalem adaphedwa koma mwa nkhanza. Simon anathamangila ku nsanja ya Sioam, nagwira nsanjayo. Jonathan anagwira kachisi.

Adafika Yesu atakwera pa buru anthu alikufuula Hosana! Mwana wa Davide. Hosana ndi mau a chiyuda (Tipulumutse). Iye adathamangila kumene kunali ziweto zamalonda, napasula zikwele za nkhunda, nadula maluzi onse omangila nkhosa, ziweto zonse zinathawa. Iye adatenga maluzi kuyamba kukwapula anthuwo. Anthu ena anafuna kummenya koma adaopa chifukwa iye anali ndi anthu ambiri. Adalowanso mkachisi, anagubuduza magome onse mmene munali ndarama. Ndaramazo zidatoledwa ndi anthu ena ngati mbalame zosusuka nati, "Uku ndiye kulemela kumene Yesu adanena podzakhala mfumu." Koma palibe m'modzi wa anthu a Yesu adatola ndaramazo. Yesu adakwelanso pa guwa la nsembe nayamba kutsira nsembe. Anafika mkulu wa nsembe nati kwa Yesu, "ndi ulamuliro wanji ufika pa guwa la nsembe ndikuona zoyela komanso osasamba?" Yesu adayankha nati, "Kodi iwe ndiwoyela pamene wafika pa guwa pano? Wansembe adayankha nati, "Inde ine ndili woyela chifukwa ndasamba mthamanda ili la Davide, ndipo ndi phazi limodzi kuchoka m'madzi kufika pano." Pamenepo Yesu adapfuula, "Tsoka iwe ndi onse onga iwe, amene mugubuduka mmadzi awa atadetsedwa ndi akazi achiwerewere a mkachisi." Pamenepo Yesu adachoka kupita ku Betania, nasiya Jonathan alikulonda kachisi ndi Simon akulonda nsanja ya Siloam.

Akulu a nsembe adasonkhana pamodzi, Joseph Bar Mathia Demetrio anali pomwepo nati, Titani ife! Tsopano tilinawo mulandu wabwino kwa Pilato. Ngati Yesu agwidwa Pilato sangamuleke chifukwa tsopano Yesu waswa malamulo a Aroma. Koma tingamgwire bwanji? Pafunika kupeza munthu weni-weni amene ayenda ndi Yesu kumpatsa ndarama, ameneyo angatiuze ife kumene kuli Yesu. Komatu dziwani kuti anthu eni-eni a Yesu, ali ngati Yesu yemwe, sakonda ndarama. Ndarama zimene adataya mkulu wao zija palibe m'modzi wa iwo adatola. Chabwino, tizisiye zonsezi m'manja mwa Pilato, iye alinso ndi ache asilikali ndipo atha kudziwa chimene angachite."

Akulu ansembe, Joseph Bar Mathia ali ndi Demetrio adapitanso kwa Pilato; iwo adapeza Herod ali komweko. Pilato atalonjela, ansembewo adalongosola zonse zidaoneka m'Yerusalem nati, "Kachisi wagwidwa ndi ankhondo ya Yesu pamodzi ndi nsanja ya Siloam. Ife tili ndi chisoni, mkulu wa ankhondo wa Aroma waphedwa ndipo ife tikonzekelatu kuthandiza banja lache. Mukadatimvera dzana lija kumanga munthu ameneyu zonsezi sizikadaoneka."

Herod adafunsa, "Kodi Yesu wache uti, wa ku Galileya, Carpenter woyenda-yenda? Ndikhulupirira ndiyemweyu. Iyeyu watibvuta kwambiri m'Galileya ndi nthano zache maka-maka akamanena kuti ufumu wakumwamba wayandikira. Mkazi wa kapitao wanga Khuza nayenso adakopeka ndi nthano zachezi. Ine ndidafuna kumgwira koma anthu ena adamchenjeza ndipo adanditumizira mau kuti, "Mukauze nkhandweyo." Koma akafikadi m'manja mwanu mumuleka, Mfumu?" Pamenepo Pilato adayankha, "Iwo anali kunena zinthu zimene zilibe kanthu ndi ife Aroma." Pamenepo Pilato adanena kwa ansembe, "Pitani mukakonze makalata omugwirira chifukwa tsopano Yesu waswa malamulo a chi Roma." Pilato adanenanso kwa Demetrio nati, "Ndikondwera ngati iwe supezeka mgulu limeneli." Ansembe adabwera atakonzeka kale, natulutsa kalata kumpatsa Pilato. Kalata inalembedwa motere: "Aliyense amene anganene kumene Yesu angapezeke, adzalandira mphoto yandalama makumi atatu."

C. Pontius Pilato

Kalata imeneyi Pilato adalamula kuti ikhomedwe m'makhoma monse. Pilato anakatenga ena asilikali kuchokela ku Kaisarea amene adagonjetsa nkhondo ya Yesu. Asilikaliwo adafika nthawi ya m'mawa, ena nathamangila ku nsanja ya Siloam ndi ena ku kachisi. Asilikaliwo adagwetsa nsanjayo koma Simon atapha kale asilikali atatu asanagwidwe. Asilikali amene adathamangila ku kachisi adapeza wansembe wamng'ono, Yesu mwana wa Abba, alikutsila nsembe ya m'mawa, yemweyonso anali mulembi wa ansembe. Asilikaliwo poona kuti Yesu, mwana wa Abba anafuna kubisala adamgwira naganiza kuti ndi Yesu mwana wa Joseph, nakamtsekela ku ndende koma ali ndi zovala za unsembe. Jonathan adagwidwa koma atapha asilikali asanu ndi m'modzi asanagwidwe. Iye anali kulalata, "Ankhondo inu, ikudza nthawi imene sipadzakhalanso m'Roma oipitsa mudzi wathu." Iye adatonthozedwa atamenyedwa kwambiri kukamwa. Adakamtsekela kundende, nthawi imeneyi ndiye kuti Simon atagwidwa kale.

Petro ndi ena adapita ku Betania kukauza Yesu kuti anthu aja aphedwa ndi nkhondo ya Pilato. Pamenepo Yesu adadziwa kuti nkhondo wailephera. Yesu adauza Petro ndi anzache kuti apite kwa Nekodimo akapemphe malo odyela kuti akatsazikane ndi anthu ache. Nekodimo adabvomera nauza Petro kuti pobwera mudzikayenda awiri-awiri koma Yesu akayende ndi anthu anai osabwera chimpingo ai, chifukwa cha opeleka mphoto, kuti amene anganene kumene Yesu angapezeke adzalandila ndarama makumi atatu. Koma ine ngakhale akadanena chuma chonse cha Roma ine sindingapeleke. Adatero Nekodimo kuuza Petro. Petro adapita nauza Yesu zonse akanena Nekodimo.

Adafika kunyumba ya Nekodimo usiku, napeza zakudya zonse zokonzeka bwino ndi Nekodimo, ndipo Nekodimo adauza Petro kuti muchoke kuno usiku kusanache, mupite ku phiri kumene kuli munda wanga wa azitona ndi nyumba ya mchini umene ndimapangila mafuta, mukagona kumeneko. M'mawa kukacha mukaone njira yanu yopita kuchipululu. Atatha kudya onse adaima kuchoka, koma Yudasi adauza Petro nati, "Ine nditsalira kuti ndiyende ndi azimai chifukwa iwo sangathe kuyenda usiku uno." Petro adabvomera namuuza Yudasi kuti tikakomane pa Beti Araba pamene pasiyana miseu yopita ku Yeriko ndi ku Yordano. Onse adachoka nasiya Yudasi ndi azimai.

Yudasi adadziwa kuti Yesu nkhondo wailephera ndipo ngati apezeka ali mgulu la Yesu, zonse zidzaipa kwa iye. Yudasi m'malo moyenda ndi azimai, adapita kukauza akulu ansembe kumene Yesu angapezeke. Yudasi asauza akulu ansembe sichifukwa cha ndarama ai, koma mantha kuti asadziwike kuti iyenso anali mchipani cha Yesu.

Ansembe adampatsa Yudasi asilikali achilendo aja ochokera ku Kaisarea osadziwa Yesu, ndipo Yudasi adawapatsa asilikaliwo chizindikiro kuti yemwe ndikamphyomphyoneyo ndiye yemweyo mgwireni. Yudasi ndi asilikali aja pofika ku phiri kuja anthu ambiri adathawa koma Petro, Yohane ndi Lazaro sadathawe. Panali mnyamata wina, iye anali kulalata, "Simungathe kumgwira mfumu ya Ayuda." Asilikali pofuna kumgwira iye adasiya nsaru zache m'manja mwa asilikaliwo nathawa wa maliseche. Adafika Yudasi nati kwa Yesu, "Ambuye, musaope, iwo safuna kukuchitani choipa, koma afuna kukubwezani ku Galileya kumene tonse tikakhala nanu." Asanathe kunena Yesu ali m'manja kale ammangira manja kumbuyo. Petro adafuna kuchita za nkhondo koma Yesu adamuletsa. Lazaro adayesa kudziponyaponya patsogolo pa asilikaliwo koma iwo sadamsamale, nangomkankhila kumbali nati, "Ife tauzidwa kudzagwira Yesu yekhayu."

Adafika naye Yesu kwa Pilato ku mbandakucha. Kumeneko adapeza akulu ansembe ndi Afarisi atafika kale, nyali zili mbee. Atauzidwa Pilato adafika nakhala pa mpando wache wa chifumu. Pamenepo tsopano unaonekela ulemerero wa Kaisara umene unali mwa Pilato.

Asilikali adapita kukatenga Jonathan mwana wa Joseph Bar Mathia ndi Simon mwana wa Yuda. Adaima mkulu wa nsembe nati, "Paoneka ngozi mfumu, asilikali anu ena agwira Yesu mwana wa Abba kumuika ndende, kuyesa Yesu mwana wa Joseph, ndipo tipempha muyambe mwatimasulira ameneyo." "Inu Ayuda muli amisala nonsenu. Mufuna ndimuyimbe mulandu Yesu, komanso mufuna ndikumasulireni Yesu." Adatero Pilato. Atafika naye Yesu mwana wa Abba (Baraba) adapezeka kuti anali wansembe ndiponso adagwidwa atabvala za unsembe, zobvala zimene zinali mphamvu ya Kaisara. Asilikali amene adagwira Yesu mwana wa Abba analamulidwa aliyense zikoti makumi awiri (20), mkulu wa Asilikaliwo atsitsidwe ukulu wache. Pamenepo Yesu mwana wa Abba anapatsidwa mpando pa bwalopo. Mulandu udayimbidwa ngati mulandu wa nkhondo koma mwachidule. Oyamba kuyimbidwa mulandu ndiye Simon mwana wa Yuda. "Munthu uyu akuyimbidwa mulandu wanji?" Adafunsa Pilato. Pamenepo adaima mulembi wache nawerenga, "Munthu uyu akuyimbidwa mulandu wa chiwembu ndi mpatuko. Iye anali ndi zida ndipo adapha asilikali atatu asanagwidwe." Pamenepo padamveka pakamwa pa Pilato mau oophsya ngati kumenya kwa nyundo, "Aphedwe."

Wachiwiri kuyimbidwa mulandu ndiye Yesu mwana wa Joseph. "Munthu uyu akuyimbidwa mulandu wanji? Adaimanso mulembi wache nawerenga, "Munthu uyu akuyimbidwa mulandu kukhala mkulu ndi mtsogoleri wachiwembu ndi mpatuko umenewu. Ngakhale iye sadatenga chida koma sadachita kanthu kuletsa anthuwo za chiwembucho. Iye adalola anthu ache kumchita mfumu pamene anali kulowa m'Yerusalem atakwela pa buru. Munthu kufuna kukhala mfumu mdziko la Kaisara opanda ulamuliro wa Kaisara umenewo ndiye chiwembu ndi mpatuko, chilango chache ndiye imfa." Mau oophsya aja adamvekanso pakamwa pa Pilato, "Aphedwe."

Pamenepo adafika mkulu wa asilikali nafunsa, "Nanga liwongo la anthu awa ndi lotani? Pamenepo adayankha Pilato nati, "Anthu awiri aja mukalembe chiwembu ndi mpatuko. Koma munthu uyu Yesu, popeza iye sadatenge chida mukalembe chifukwa chenicheni chimene waphedwela. 'Yesu mfumu ya Ayuda.' Mukalembe mzinenero zonse Chiyuda, Chigiriki ndi Chilatini." Pamenepo adaimanso Kayafa nati, Ganizani bwino mfumu, ife sitidati ameneyu ndi mfumu yathu. Ife tilibe mfumu ina; Mfumu yathu ndi Kaisara basi." "Anthu anu anali kupfuulira munthu uyu kuti mfumu ya Ayuda, koma inu simudachite kanthu kuletsa anthuwo. Chomwecho ndalemba-ndalemba," Adatero Pilato.

Nyimbo ya Anthu Onse Akuda

Kusochera kwa akuda kuthe,
Namalenga wabwera.
Kusamvana kwa akuda kuthe,
Namalenga wabwera.

Chorus

Tiyenitu tipereke nsembe kwa Mzimu,
Tiyenitu namalenga wabwera.

Anthu akuda akondwere lero,
Namalenga wabwera.
Nthawi tsopano yakwanira ndithu,
Namalenga wabwera.

Iye ndi Mzimu wa Makolo athu,
Namalenga wabwera.
Tiyenitu tonse tigwirizanetu,
Namalenga wabwera.

Anthu akuda m'dziko lathu lonse,
Namalenga wabwera.
Osochera nonse tamverani,
Namalenga wabwera.

Chipembedzo cha Makolo Achikuda (*African Ancestors' Religion*). Intellectualistic and Nationalistic Traits

Nyakwawa U. Usiwa (1990)
This Edition 2004

Acknowledgements

I am very grateful to the following people without whom this essay would not have been like this: Bambo C. Jangale who was the first person I interviewed in the field, he gave me the comprehensive first hand introduction to African Ancestors Religion I needed most. He is a member of AAR. Bambo W.W. Chilembwe confided to me his personal files (the sources of all the appendices at the end), and answered many questions untiringly. Most of the information in 2.2 comes from Bambo B.B. Nipuro's unpublished manuscript. Old Bambo Maganga enlightened me on many aspects of the Religion including the role of women. Mai Gondwe too played her part. Bambo Kasiyesiye and many others from whose live "teachings" I made notes.

Many other people helped as guides through the "thicket" of houses in Ndirande and Mbayani (especially Mbayani) townships on my way seeking information. Charles Usiwa also helped me in discussing certain aspects of AAR without any Christian background bias. He also made notes from teachings from one AAR centre while I was working at the other centre.

Dr. J.C. Chakanza acted as guide, advisor and supervisor to this article. In fact the help starts way back from the lecture room when his explanations excited me to formulate and tackle the present topic.

By June 1999 it was learnt that two of my 1989 informants, namely Bambo Nipuro and Maganga had died. They were Ndirande residents. May their souls rest in peace.

1. Introduction: African Ancestors' Religion in Context

> For all the peoples walk each in the name of its god, but we will walk in the name of the Lord our God for ever and ever (Mic. 4:5).

Under the unprecise umbrella term "New Religions Movements" there dwell two main camps: Independent Churches and Neo-Primal Movements. The former are basically Christian while the latter are anti-Christian traditional-ists. It is under this Neo-Primal category where the African Ancestors Relig-ion (AAR), the subject of this paper, falls. This religion, it shall be argued, is rooted in nationalism and intellectualism whose traits this paper intends to highlight as objectively as possible.

For the purpose of this paper (whose scope is very limited), religion shall be viewed in its basic utilitarian sense in the words of Bahm as "a complex of beliefs and practices finding its culmination in confident living."[31] For outside Christendom, members of AAR are indeed capable of confident living as an autonomous religion rooted in their own ancestry.

As a religion, AAR should further be seen as operating in a wider African context. Here it shall be found that the ancestor-cult is a force to reckon with as Barrett testifies:

> Several bodies (of ancestor-cult) specifically mention ancestors in their names: *Dini ya Msambwa* (Religion of the Ancestors) in Kenya, *Eglise de Dieu Ancestres* in Southern Congo, *Calici ca Makolo* in Malawi.[32]

By saying that AAR is a religion rooted in intellectualism we shall mean and show that its members, unlike many a "New Religious Movement" are most of the times engaged in the giving "of... national form or content"[33] to religions and the world environment at large in relation to their own religion. On average, the member of AAR shall be seen as a "devotee of the intellect or understanding".[34] And as will be seen later, the parallels of AAR with the contemporary African intellectual (in section 4) is just too dominant to be overlooked. As regards nationalistic aspects of the religion, evidence derives from the fact that AAR hails the cause of local nationalists worldwide[35]; and that it sees Jesus of Nazareth as another nationalist concerned with the Israelites.[36]

---

[31] A.J. Bahm, *The World's Living Religions*, New York: Dell, 1964, p. 336.
[32] D. Barrett, *Schism and Renewal in Africa*, Nairobi: OUP, 1968, p. 120.
[33] *Webster's 3rd New International Dictionary. Vol.III*, Chicago: Encyclopadia Inc., 1981, p. 1174.
[34] *The Oxford English Dictionary,* Oxford: Charendon Press, [2]1989, p. 1068.
[35] These local nationalists include John Chilembwe who led the 1915 native uprising in the then Nyasaland colony.
[36] H.W. Kom'mwa and Mchikanzi, "Kubadwanso kwa Makolo Achikuda – Chipembedzo cha Makolo Achikuda-Kalata Yofotokozera Kasamalidwe ka Chipembedzo ndi Miyambo ya Makolo Achikuda." P. 1; and they quote Math. 15:24 for support": I was sent only to the... house of Israel"

Above all AAR shall be regarded as a body of religious nationalists closed in a "fight" against what Waston calls "Internal Colonialism", i.e. "the dominance of one religious group over others within the nation state."[37] The dominating group in this case is Christendom and other foreign religions. Of course this "religious nationalism' is not far from the other nationalism, "the devotion to one's nation ... a policy of national independence (and culture)"[38] which again includes the area of religion.

In essence nationalism embodies the rejection of the Judeo-Christian Jahovah as reflected in the introductory quotation from the prophetic book of Micah above. The Rejection comes from the fact that the speakers in this verse are the children of Israel, the owners of "the Lord our God." This reference in turn reflects the use of the Bible by AAR that apparently is a paradox (to some).

To clear up "the paradox" on the use of the Bible by these "anti-Christs", a member of AAR, Bambo B.B. Nipuro made it clear:

> It is not our aim to use the Bible per se, only that we are forced. We use it as a hammer that drove the nail (of confusion) into the African mind. So we have no choice but to use the same hammer to extract the nail.[39]

Another fundamental thing to be generally known about AAR at introduction level is the place of Jesus in AAR's view. Many first encounters and reactions with AAR is that it is a composition of "*Otukwana Yesu*" (abusive anti-Christs) or "*Otukwana Mulungu*" (blasphemers). To this effect Bambo Nipuro retorts, "How can we speak evil against Jesus? We did not see him. We have nothing personal to do with him."[40]

Another addition: AAR seems to be a monotheistic religion in its own fashion.[41] With these introductory remarks, it is now time to do a bit of scrutiny of the religion as the following section will show.

2. What and where is AAR and its Teachings?

The core of worship is the veneration of our ancestral spirits.[42]

---

[37] R. Watson, *Education in the Third World*, Kent: Groom Helm., 1982, p. 88.
[38] *The Oxford English Dictionary,* Oxford: Charendon Press, ²1989, p. 234.
[39] B. Nipuro, Ndirande ("teaching" session), 17/12/89.
[40] Ibid.
[41] See appendix 1. There is a diagram on God (Namalenga) and gods. E.g. "the Lord, the God of their (Israelites) fathers, who brought them out of the land of Egypt" (Judges 2:11).
[42] Ndirande session: 31.12.89, information gathered by Charles Usiwa (afternoon, when the author was at Mbayani).

2.1. Origin, Spirits and God

Talking about ancestral spirits, Professor John Mbiti adds:

> Whatever science may do to prove the existence or non – existence of
> the spirits one thing is undeniable, namely that for African peoples the
> spirits are a reality to be reckoned with… And it demands and
> deserves more than academic attention.[43]

Belief in spirits or the supernatural is apparently as old as mankind. This is
why, generally speaking, all African Traditional Religions including AAR
have neither founders nor reformers[44] and have no date specifically pinned
down to an era in history for their founding.

Despite the religion's antiquity, one still hears of faint claims that AAR
started in Malawi in 1958.[45] Even the date is given to be the 6th of July. I call
these faint claims because one of the proponents of the religion, Bambo
Maganga agreed on the religion's long mankind-like history.

However, these claims should not be dismissed but should be attributed
to the religion's nationalistic ties. In order to see this clearly one has to
quickly review the year 1958. It is its politico-historical significance in
Malawi as has already been hinted at, that brings forth the nationalistic
evidence. This brings us back to the same belief on spirits by the AAR and
its unfathomable start.

How belief in spirits forms the core of religion in modern times is what
we shall now look at. Spirits are basic in AAR because it claims that gods
(including the Christian God) are spirits. Here they even refer to the scrip-
tures: "God is spirit" (John 4:24). And also there are the scriptures that
verify the existence of other gods for other peoples as seen in Psalms 81:9:

> There shall be no strange god among you; you shall not bow down to
> a foreign god.

From "God is spirit", AAR makes a point of departure into rejecting this
strange–to-Africa-biblical spirit. "We have our own tombs and spirits here",
they argue. There is a very elaborate diagram[46] where the AAR concept of
God is defined.

---

[43] J. Mbiti, *African Religions and Philosophy*, London: Heinmann, 1969, p. 91.
[44] Ibid., p. 4.
[45] J. C. Chakanza, *An Annotated List of Independent Churches in Malawi, Sources for the
Study of Religion no.14*, Zomba: Department of Theology and Religious Studies (Chancellor
College), 1983 p. 33.
[46] See Appendix I.

In addition to the diagram it can be briefly explained here that at the top of all gods (spirits) is the Chief Spirit called *Namalenga* (creator).[47] Here is where AAR is basically monotheistic. But to reach Namalenga AAR says different peoples have their own different gods: "Chauta for the black man (Malawian), Allah for Muslims, Buddha for Buddhists, etc.[48]

In the same vein John Chilembwe (he led the 1915 uprising against British colonial rule), Mbona and others are gods one can offer sacrifice to. Notice the emphasis on nationalism in the reference to Chilembwe the nationalist, not Chilembwe the Christian.

2. 2 Sacrifice and Worship[49]

Talking about sacrifice, there are three types which AAR observe or so the informants say. The difference between sacrifice and worship is very subtle and the terms can be safely interchanged in some cases.

The first type of sacrifice is *Nsembe ya Mnyumba* (Domestic Sacrifice). This is offered in a family by parents and children. Or it can be offered by one in cases of the mature but unmarried or the single-parent family.

This sacrifice is intended to meet domestic spiritual needs like when a strange disease strikes; when one experiences nightmares; when one is about to set off for a long trip, and when bad luck and other small problems arise. It is conducted by heaping maize flour (in small quantities, slowly) at a corner in the house while calling on the names of the family's deceased. The demands the living have on the deceased accompany this process.

The second type is called *Nsembe ya Mudzi* (Village Sacrifice). The leader here is usually a *nyakwawa* (village headman) and the offering is usually under a *mpoza* or *msolo* tree[50] in a hut called *kachisi* (see appendix 2) offered when there is a communal function like praying for late rains, when going for a hunting expedition; and for a bumper harvest, and among other functions like during *zoundukula*.

Zoundukula is a kind of sacrifice done when crops are almost ready in the fields before anything is formally eaten or sold in public. There is even a

---

[47] Chauta as spirit ties well even in J.C. Chakanza, "Some Chewa Concepts of God" in *Religion in Malawi*, No. 1. 1987, p. 4.
[48] Oral Communication: Bambo W.W. Chilembwe to the author, Mbayani, Blantyre, 10.12.89.
[49] From B.B. Nipuro's unpublished manuscript where these rituals are treated in detail.
[50] See J.C. Chakanza, Ibid., p. 33; and for procedures of the sacrifices see appendices 2 and 3.

date affixed for this function in Malawi. It falls on the 2nd of March every year.[51]

This *Zoundukula Day* is extended as a charity practice for it is on this day that there is an organised trip to Queen Elizabeth Central Hospital, Blantyre, to cheer the sick with some of the fruits like green maize.[52] For someone looking for nationalistic traits this should ring a bell. Needless to say March 2 in Malawi is the eve of yet another day that is politico-historically significant – Martyrs' Day. And this can be rightly seen as an act of patriotism or "devotion" to one's country – support for a national cause.

The third and last type of sacrifice is *Nsembe Yadziko* (National Sacrifice). This is conducted under the guidance of chiefs (Traditional Authorities). There is no much elaboration on this sacrifice apart from saying that it is the rarest and most important.

These sacrifices are in tune with worship in a big manner, for worship in African Traditional Religions is basically utilitarian mainly when a catastrophe has befallen a people.

AAR gives two main reasons[53] why people should worship at all. For every person, AAR says, worship is first and foremost done for a longer life though death is inevitable. By keeping on good terms with one's ancestral spirits, they argue, one is spared of many misfortunes. The second reason why one should worship arises from every person's need for good luck.

At many an AAR gathering one is reminded of the well-to-do, say Asian community's prosperity (being then mainly traders nationwide) as coming from the fact that Asians are faithful to their gods, the Buddha, Khrishna etc. (not the God of Christendom).

2.3. Prayer, Texts and Weekly Gatherings

Apart from the offering of sacrifices, the concept of prayer - almost like in the Christian sense of the word - is emphasized too. The only difference being that there is in the case of AAR utterly no need of a church building, mosque or temple, though a simple shelter is acceptable in adverse weather.

The best condition for prayer is said to be privacy.[54] For both prayer and worship in the case of sacrifices the subject is required to observe certain prerequisites like body purification and the purity of sacrificial materials to

---

[51] Bambo W.H. Maganga: Oral Interview, 2312/89, Ndirande, Blantyre.
[52] Ibid.
[53] Bambo C. Jangale: Oral communication, 10.12.89, Mbayani, Blantyre
[54] Author's notes taken while Bambo B. Nipuro read part of his manuscript (unpublished), 23.12.89, Chinseu, Ndirande.

be used. For instance, sexual abstinence is emphasised before any contact with the spirits.[55] Another important example of purity is the requirement that a virgin pound maize for sacrificial flour. Finally, a procedural act worth noting as regards sacrifice is simplicity in dress. Single garments are preferred to say, shirt/blouse and a top (jacket, coat, etc), with no additional pieces like neckties or watches. Feet must be bare.

In his writing about two decades ago, Mbiti was right in noting that one of the characteristics of African Traditional Religions was lack of scriptures.[56] Due to dynamism of culture as the umbrella under which religion falls, there is now a strong need for texts in AAR. Bambo Nipuro is occupied with the realization of this need when he says he has written a manuscript on the religion awaiting publication.[57]

At present there is no one main text to be used as scripture by the religion except for the documents used by this paper (see bibliography) written by AAR members, namely Bambo Kamwa and Bambo Chikonzi. Other material used as scriptures are a variety of writings which will be dealt with in some detail when further discussing intellectualism in Section 4. But for the time being "texts" for AAR are mainly in the oral tradition. Bambo Nipuro's manuscript has not yet been published except for a hymnbook, which is said to be looking for some funds for its coming in print.

About having a special day of worship or prayer, "we have not yet met to agree on one. In fact it is not of supreme importance now; but the future will tell; so far Sunday suffices."[58] That was Bambo Maganga's explanation. To which Bambo Jangale added, "Our meetings on Sunday mean nothing (Christian) more than that it is the day when many people (the audience) are free."[59]

When AAR members meet on Sundays, what they do is not worship or prayer in the way of the church, but "a way of teaching each other about the lies the churches feed on us."[60] No wonder they address each other (when teaching is in session) as "teacher."[61]

This teaching mostly takes the form of critical Bible analysis and "imploring people to flee from the lies and the empty claims of the foreign

---

[55] Ibid.
[56] J. Mbiti, Ibid., p. 4.
[57] Money seems to be AAR's problem as far as publishing their doctrines is concerned.
[58] Int. Bambo Maganga, 23.12.89. Ndirande, Blantyre.
[59] Ibid.
[60] Bambo Kasiyesiye, teaching session, 10.12.89, Ndirande centre, Blantyre.
[61] They address each other as teachers as the author observed and heard at Ndirande session, 10.12.89.

churches."[62] It can also be added here that whenever one attends any AAR gathering, one notices the informal, very flexible, humorous atmosphere around. For instance you have smokers smoking, and jokers adding their comments etc (Religious Democracy?).[63]

Adding on to this atmosphere you have people (the audience) raising hands to ask questions like in a classroom (unlike in churches) and they are answered.

During the gatherings, AAR teachings involve the rejection of Christianity and the entire Judeo-Christian tradition in the tone that implicitly calls for a national (local) Moses. This is clearer when AAR quotes the Bible thus:

> When your son asks you in time to come … then you shall say we
> were Pharaoh's slaves in Egypt' (Deut. 6:20-21)

To which they strongly answer that they have never been in that Egyptian bondage but rather in Roy Welensky's bondage, the federal colonialism from which they were delivered.

Another belief AAR holds is that there is no eschatology whatsoever except for the end of one's life in this world. To this they quickly add that the New Jerusalem of Revelation 21:12 "with twelve gates" is for the "twelve tribes of the sons of Israel", not for Malawians.

This at least was the situation and teaching in general in the two Blantyre AAR centres upon which this research largely depends. But informants emphasised that even in other centres organisation was similar. This is not hard to believe since the constitution (?) – Appendix 5 (Malamulo Okhazikika) – is said to have been distributed (together with other documents) to other centres. Where these other centres are, and how they are similarly organised is what is mainly contained in the following sub-section.

2.4. Organization and the Role of Women in AAR

African Ancestors Religion has its headquarters in Chilomoni Township, Blantyre (P.O. Box 1634). The current head of the religion, with the title of Chairman is Bambo Hareya W. Kom'mwa. Next to him is Bambo Machado

---

[62] Bambo Nipuro, Ndirande Session, 10.12.89

[63] As the author observed (17.12.89) in the example a man apparently coming from Ndirande Tavern No. 2 only to stop and "join" AAR with a song:

Kuyambira ku Genesis	From Genesis
Kufikira Chivumbulutso	To Revelation
Palibe dzina la munthu wakuda	There is not a single black man's name

And AAR members, undisturbed, applauded him and the session continued as the man went his way.

Chikanzi (Secretary). Another recognizable position is that of the committee of eighteen (18) people (including the above two) who are called trustees.[64] These form the core of the religion's administration and they are the ones who formed "a delegation to the president,"[65] marking the formal registration (not the founding) of the religion. This happened in the year 1975.

Unlike other religions, AAR has "never experienced sectarianism so far"[66] and it is one throughout the country, though it is much pronounced at its cradle (Blantyre) in the following townships: "Chilomoni, Zingwangwa, Chimwankhunda, Mbayani and Ndirande."[67] This article is based on information on and participant observation from the last two centres: Other centres are "Shire North, Nsanje, Thyolo, Mulanje, Kunthembe and Thyolo." In the last two centres there are "akavuwa" (Shrines). They mean the same as the *Kachisi* mentioned 2.2 above.

According to one informant,[68] there is an AAR membership of more than a hundred families, making it a total of some hundreds of individual members. AAR is mainly composed of "born agains" from the church and the mosque. For instance, Bambo Kasiyesiye is a one-time Muslim[69], Bambo Gondwe was born in the Roman Catholic Church, went to join C.C.A.P in 1964 and today he *is "Wachipembedzo cha Makolo Achikuda"* or simply *Wachipembedzo.*[70] This is how they prefer it to be called in Chichewa, not Calici ca Makolo as Barrett calls them. The AAR rejects the idea of tchalitchi/calici (the church) in their movement.

These accounts are deliberate citations so that a point can be made: that AAR members were not former "blank slates", meaning that they first sort of undergo an intellectual crisis before being "born again" into AAR. It is a conscious thoughtful choice unlike the way things are with most Christians who are just "born in the church."

As a body of modern traditionalists.[71] AAR assigns a special role to women. In the words of Bambo Maganga "women are *a koleji ya miyambo*

---

[64] Bambo W.W.. Chilembwe: Oral Communication, 10/12/89, Mbayani, Blantyre.

[65] Ibid.

[66] Taken note of while having a short walk with Bambo Nipuro (17/12/89) when session was over, Ndirande.

[67] Bambo Gondwe: oral interview, 31/12/89, Mbayani, Blantyre (afternoon).

[68] Bambo Nipuro: oral interview, 31/12/89, Ndirande, Blantyre (evening).

[69] The author learnt this during his own (Bambo Kasiyesiye) testimony to audience (10/12/89)

[70] Bambo Gondwe, Ibid.

[71] They are called "modern traditionalists" here because AAR members are sober enough to take civilization not only as a force to reckon with but also as an advantage. They seem to say 'borrow their (i.e the whites') modern clothes if you like them but not their religion as well.'

(college of traditional customs)".[72] He was mainly referring to their role as *anankungw*i (women initiation advisors); and the fact that it is the mother who is generally associated with much of early childcare and socialisation.

According to an interview with Mai Gondwe[73], the woman is as much conversant with her AAR as the man. There are generally no hindrances whatsoever as regards her participation in all AAR activities. In fact women in AAR are reported to have their "Bungwe la Amayi" (Women Association). However, participant observation has shown that during the weekly gatherings there are few or no AAR women present.

Aware of the fact that women are supposed to be as intellectual as men[74], this paper points out that, unfortunately as matters stand, women are a bit less of the intellectual. This is not permanent though for this is not from a physiological predetermination, but rather of societal making which is changing for the better with time.

In reading these accounts we do not intend to digress into feminist talk but rather to make yet another point that such low woman attendance in AAR gatherings (e.g. "twice in two years since the new Mbayani ground was constructed..."[75], for Mai Gondwe) means that the religion is highly intellectual in the narrow sense, that the average Malawian traditional lady is not used to standing before audiences. This section ending has mainly been concerned with AAR as an autonomous body. More than a mere religious group AAR should be viewed in the words of its members as a body striving to attain "religious independence" (after political independence). "See the parliament today. It's we blacks who are there!" And now that it's *kwacha!* (dawn). Why don't we break away from the white domination, the church? Don't we have our own valid black man's religion?"[76]

Notice both the nationalistic and intellectualistic undertones in the above quotation. These tones are even felt more in the following two sections. Immediately following is AAR's interpretation of Christianity and its symbols in Africa.

---

[72] Bambo Maganga, Ibid.
[73] Int. Mai Gondwe, Mbayani, Blantyre, 10/12/89.
[74] Cf. Janet Karim, "Grossly Offended Women..." *Malawi News* February 24-March 2, 1990.
[75] Mai Gondwe, Ibid.
[76] Bambo C. Jangale: Oral communication, Mbayani, 10/12/89.

3. On Christianity, its Symbols and Jesus as a Nationalist

> The symbols with which we choose to identify ourselves are important in expressing the values held by a community.[77]

This section (especially its first part) shall depend on an AAR's short document titled *"Chipembedzo cha Makolo a Chikuda - Kutha kwa Machalichi Mdziko la Africa"*[78] (*AAR - The End of Churches in Africa*). This AAR paper in line with modern African intellectualism aims at concientizing the layman as is evident in its opening part:

> Africa has woken up: the black person must know that Africa has woken up because each and every nation has gone back to the ways of their ancestors (as their book says in Micah 4:5). Know that Africa has her own religion.

From such a proclamation point of view, Christianity on the whole is seen as something that "came to Africa in order to woo the black people into abandoning their religion to follow the false-to-a-black man of a Jesus who was crucified and dead long ago on a tree at his home".[79] With this interpretation of Christianity in mind the situation that produces the following interpretations sounds a bit familiar. The Christian symbols and concepts to be examined are:

3.1 The Cross

"Know that the cross means slavery. Know that Jesus was crucified on a tree (the cross) because he was a slave of the Romans." The passage goes on to say that to be crucified meant that that person (like Jesus of Nazareth) was "a curse" in the tone of Deuteronomy 21:22-23 and Galatians 3:13.

> And if a man has committed a crime punishable by death ..., you hang him on a tree ... a hanged man is accursed by God (Deut.)

> Christ redeemed us ... having become a curse for us - for it is written, "cursed be every one who hangs on a tree" (Gal.)

---

[77] Ngugi wa Thiong'o, *Homecoming,* London: Heinmann, 1972, p. 33.

[78] H. Kom'mwa and M. Chikanzi (AAR's chairman and secretary), "Chipembedzo cha Makolo Achikuda: Kutha kwa Machalichi M'dziko la Africa."

[79] Ibid.

3.2 Baptism

AAR says that this means to be brave in "shedding blood" or to have valour in battle (1 John 5:6: This is he who came by water and blood, Jesus Christ). This is somehow regarded as a complement of "The Lord is a man of war" (Ex. 15:3).

3.3 The Bible

In the eyes of AAR the Bible is not the word of God[80] but is equated to mere folktale as is evidenced in "*Nthano ya Adamu ndi Hava....*" (The tale of Adam and Eve...) However, the Bible is seriously taken to be a true reflection of "their (Jews') culture, not Malawians'"[81] basing their argument on Deuteronomy 20:10

> When you draw near to a city to fight against it ... then all the people who are found in it shall do forced labour for you.

AAR looks at the Bible as a fighter's, coloniser's and therefore oppressor's (master of the "forced labour" – *Thangata*)- tool. Finally they implore the black man to have nothing to do with the Bible as the word of God. You, the black people, have been lost, they argue;[82] you denounce your ancestors' witchcraft as evil and respect the whiteman's witchcraft in the Bible which as "a book of witchcraft" is seen in

> And the king asked her, "What is your trouble?" She answered, "This woman said to me, 'Give your son, that we may eat him today, and we will eat my son tomorrow.' So we boiled my son, and ate him. And on the next day I said to her, 'Give your son, that we may eat him', but she has hidden her son (2 Kings 6:28-29).

3.4 Jahovah (The Lord)

As we saw in 3.2 Jahovah is depicted as "a man of war" and therefore no good spirit to get in association with, says AAR, especially when you have nothing to do with "their biblical wars." The Lord is further seen as "the God of Christendom only".[83] A god by virtue of the fact that "before his death" he lived "in Jerusalem" where his house was (Ezra 1:3). Now that he is dead, a

---

[80] This teaching is present in each and every gathering, making the majority of their audience (Christians or one-time Christians) awe-stricken.

[81] Bambo Kasiyesiye, Ndirande teaching session, 17.12.89.

[82] Ibid.

[83] See in the bibliography an AAR document, "Chipani cha Yesu kuunika Boma la Aroma" p. 2.

spirit, Jahovah is god of his people (the Israelites). Recalling the AAR concept of God, the most High *Namalenga* in 2.1, Jehovah is regarded as a spirit less in power than this *Namalenga* who is the supreme of all gods. The difference between the Lord and the Most High is discerned by AAR from verse 14 of the second book of Samuel (chapter 22) which reports that "The Lord thundered from heaven and the most High uttered his voice."

From this AAR concludes that the Lord (God of Christendom) is not the Most High. They further say that when Jahovah (the Lord) was alive, he was, apart from being "a man of war", someone with corrupt morals as seen in the following verses.

> The Lord said: Because the daughters of Zion are haughty and walk with outstretched necks... the Lord will lay bare their secret parts (Isaiah 3:16-17).

"Will lay bare their secret parts" to do what? AAR seriously wants to know and they do discredit the Lord for this act whatever its intention.

3.5 Jesus

As far as AAR is concerned, Jesus of Nazareth was a political rebel, a nationalist who wanted to overthrow the then Roman colonial government.[84] This nationalistic Jesus formed a political party called "the church" ("Mpingo") in Acts 8:1-3; which Saul (later Paul) is said to have persecuted before his conversion. This party is said to have M.P.s[85] known as the twelve apostles (Luke 6:12-16). Their job was to represent the twelve tribes of Israel, the nation.

The aim of the party was, in disguised speaking, "the kingdom of heaven is near." Connected to this party, the actual words AAR use (in English) are "independence" and "self-rule." The AAR political Jesus is seen as very ambitious in his plot to overthrow the government in:

> Truly, I say to you, in the new world, when the Son of man shall sit on his glorious throne, you (the disciples) who have followed me will also sit on twelve thrones, judging the twelve tribes of Israel (Mat. 19:28).

The coup to overthrow the Roman government is said to have started with Jesus' triumphal entry into Jerusalem (Mat 21:9) while his supporters

---

[84] See Ibid., where Jesus' allegedly political party, "the church" in Acts 8:1-3 is elaborated on.
[85] Ibid.

shouted Hosanna ("a Hebrew word[86] meaning save us (now)". Then Jesus went to whip the vendors and money changers in the temple.

Unfortunately for him, Jesus is reported to have failed and been captured, tried and crucified by the Romans, not the Jews, his people who were to be saved from colonialism. The high priests including Pontius Pilate are interpreted to be the equivalent of Native Authorities (N.A.s)[87] who were there to help in the administration of the colony. So if the African wants to follow Jesus, he is advised to follow his (Jesus') nationalistic example to his people (nation) as he himself clearly puts it: "I was sent *only* to the lost sheep of the house of Israel" (Matthew 15:24) [emphasise mine].

3.6 Saviour (Mpulumutsi)

This is another crucial concept worth examining for it reveals yet more nationalistic traits of AAR. What AAR says concerning the concept of saviour is self explanatory

> In Africa there are leaders alias saviours who saved their nations from the bondage of colonialism which is foreign rule in this (their) own land.[88]

The above type of reasoning alongside that unique interpretation of the Bible sounds more or less like the beliefs of many a contemporary African intellectual in the following section.

4. Back to the Roots: Parallels with African Intellectuals

> (The African's) past – with all its imperfections – was not one long night of savagery from which the first Europeans acting on God's behalf delivered them.[89]

> The name of Jesus came here (in Africa) to mislead people that Jesus was saviour for all races including the black man. We the blacks do reject this lie. We have been in the white man's bondage in the name of Jesus (Kom'mwa and Chikanzi).

Perhaps the most attracting and intellectualistic aspect at every AAR meeting is their openness of mind and the spirit of direct questioning and logic. This likened to African intellectualism can better be understood in the words

---

[86] AAR Document: "Imfa ya Yesu Khristu ku Yerusalemu ku Yudeya" p. 7.
[87] Chipani Cha Yesu, Ibid.
[88] Komwa and Chikanzi.
[89] Chinua Achebe, *Hopes and Impediments*, London: Heinemann, 1988, p. 30.

of late Frantz Fanon who takes pride in questioning thus: "O my body, makes of me always a man who questions!"[90]

The average AAR member seems to be a philosopher. For instance, their arguments begin fundamentally from the biblical first man Adam and the idea of original sin. They ask: how fair is it that Africans and some other non-Semitic peoples should be accused of the things they did not do? "Where did we kill Jesus? Or can a person born in 1940 be accused of a crime committed in 1910?"[91] This last question is characteristic of the questions with which they confront the idea of original sin.

Another African thinker (also dead) by the name Okot p'Bitek poses another question (at least in religious and philosophical literature):

> If all the Europeans hold... that their ancestor was a sinful Jew called Adam, why do the missionaries force this ancestorship on Africans? On Indians, Japanese...?[92]

Notice that Professor p'Bitek was saying this after he had done a critical study of the Christian faith and its history. But despite this or perhaps because of it, his belief in the God of Christendom weakened and finally vanished.[93] Now the question is: To which university did AAR members go to critically study the Christian faith?

They are almost self taught (or at least I saw them like that) and very academic in their research. Let us go back a bit to 2.3 where we started discussing AAR texts. The section complements well the present section in that AAR members are wide readers and analysts in their own right. For instance on texts they use any relevant material from newspaper articles[94] to primary and secondary school texts that offer something on culture and traditional ways. For Mbona stories, for instance Bambo Jangale referred to *Mtunda 8* (a Chichewa standard 8 textbook); for some of the customs reference is made to John Gwengwe's *Kukula ndi Mwambo* and to Shelbourne's *Mbiri ya Mpingo* for church history.

---

90 F. Fanon, Black skin, White Masks quoted in an introduction to E. Hansen, Frantz Fanon: Social and Political Thought. Nairobi: OUP. 1978.

92 Noted down from a 29/12/89 Ndirande Session.

92 Okot p'Bitek, *Artist the Ruler,* Nairobi: Heinmann, 1988, p. 60.

93 Ibid., p. 5.

94 Some of these newspaper articles were well kept photocopies of articles say from "Odini": "Nsembe ya Makolo (?)" No. 14, Nov 89 (?). Not much could be deciphered from the photocopy except that it was written by Bro. A.P. Bwana F.M.S. This Roman Catholic was loved because of what he wrote: "Chikhristu chisadafike kwathu kuno Mulungu adalankhula ndi makolo athu" (Before Christianity came here... God spoke to our ancestors).

The veneration of ancestors' spirits and all its symbols – in short, the African tradition – has also an intellectual reflection or backing. The African tradition is basically taken to be "the stuff on which we (Africans) grew up, and it is the base from which we make our cultural take-off into the world," says Ngugi wa Thiong'o.[95]

Again on this African religious tradition aspect Achebe speaks some AAR language when he writes that "every people has a body of myths ... sacred tales ... The Jews had their Old Testament."[96]

As a reminder, Malawi's Old Testament (to borrow the term) the roots to which AAR preachers return is something like the following paraphrase of the Chewa Kaphirintiwa Myth according to J.M. Schoffeleers.

> In the Beginning there was Chiuta (God) and the earth. With a great shower of rain came down Chiuta, the first man and woman and all creatures, landing on Kaphirintiwa's then soft Rock. One day, man, stubborn as he is, made fire accidentally by rubbing two sticks after ignoring some cautions to stop the dangerous act. Bush fire came. The chameleon escaped to a tree top calling God. God being an old man unable to climb used a spider's web that lifted him heavenwards henceforth pronouncing that man must die and join him.[97]

This myth is later taken on by Steve Chimombo and universalised in *Napolo Poems* and *The Rainmaker*. In "Napolo" for instance the story is not only concerning Zomba mountain (where the legendary 1946 Zomba Napolo floods are said to have come from) but also the plateaux all over Malawi, on Mulanje, Nyika. And if one wants to view Napolo operating as a god, then his right counterpart is Yahweh of the Old Testament who is vindictive and active in punishing. To the delight of AAR it seems, later in the texts above like in *The Rainmaker* we see Mlauli, Mbona and Chilembwe very well completing the myth into the spirit of nationalism we normally associate Chilembwe with.[98]

Bambo Gondwe of AAR raises another intellectualistic aspect of the religion which at first might seem simple but to which some thinkers have attached a great deal of importance. This is name changing as the basis of radical change when going back to the roots of the African past. Bambo Gondwe narrates his own story how he changed his first (Christian) name

---

[95] Ngugi wa Thiong'o Ibid., p. 147
[96] Chinua Achebe, Ibid., pp. 105-106.
[97] The author's paraphrase of the myth according to J.M. Schoffeleers, *Land of Fire: Oral Literature from Malawi*, Limbe; Popular Publications, 1985), pp. 19-20.
[98] This is a personal opinion from theme assessment of the two books by Chimombo.

from Moses to Komani.[99] This development is found in almost all the African intellectuals referred to in this section who have at one time dropped their foreign and therefore apparently meaningless names. Chinua Achebe was once called Albert Chinuamulogu Achebe;[100] Ngugi wa Thiong'o was James Ngugi;[101] while Okot p'Bitek dropped the name "Jekeri"[102] (A corrupted form of "Ezekiel").

To those who might quickly answer these incidents with "What's in a name?" perhaps due to lack of adequate exemplification in this paper, are called on to a very basic local example which obviously came after thought on the same question which AAR seems to ask: why did we "see it fit to change from Nyasaland to Malawi?"

However, these parallels should be seen with some limitation because all AAR members believe in God; while most of the intellectuals referred to above are former Christians turned atheists (e.g. Ngugi wa Thiong'o and the late Fanon) in a Marxist-Leninist fashion which teaches that religion is a mere illusion, "the opium of the people."[103]

Conclusion

The present paper, apart from outlining the anti-Christian doctrines of AAR and its organization, has made an attempt to trace nationalistic and intellectualistic characteristics of the religion. The nationalistic characters in several ways include the fact that each people has a god(s) and that the symbols of Christianity (and other religions) are not for the African, who should have his own form of worship. By examining some key concepts like the concept of saviour, the nationalistic trait was further expounded. Intellectualistic traits in the paper have mainly been extracted from AAR's argumentative (not quarrelsome) and questioning spirit and their love of knowledge and research; and from very striking parallels with some contemporary African ideas from Frantz Fanon, Chinua Achebe, Okot p'Bitek and Ngugi wa Thiong'o.

The conclusion would, however be incomplete I think, without some mention of the question of (mis) interpretation of the Bible better seen as the

---

[99] Int. Bambo Gondwe, Mbayani, Blantyre, 31/12/89.
[100] Chinua Achebe, Ibid., p. 22.
[101] Ngugi, Ibid. (Introduction by Ikkedi)
[102] Okot p' Bitek, ibid., p. 5.
[103] Karl Marx (on the future of religion), "Contribution to the Critique of *Hegel's Philosophy of Right.*" Quoted in A.M. Frazier, *Issues in Religion* Califonia: Wadsworth, 1975, p. 129. Cf. Kwesi Dickison, *The History and Religion of Israel*, London: Longman and Todd, 1970, p. 13

problem of language for which none but the Bible is to blame (debatable). For instance, Psalms 115:9 in English reads: "The Lord is their (the Israelites) help and their shield" while in a Chichewa translation the same reads "...their skin" where "shield" and "skin" are meant to mean the same thing. And when an AAR member observes: "As their book says the Lord, their *chikopa* (skin) colour" he is not to blame. With the elaboration of the language problem influencing here and there some AAR interpretations, now I feel a bit more honest in presenting AAR and its doctrines and worship. Nevertheless, it still holds that this is mainly the problematic nature of the language and writing of the Bible which Kwesi Dickson saw in almost an AAR view in the following light:

> The Bible is the work of man - if it were God's work, how could there be conflicting details and why should it be necessary to use archeological findings to illuminate it?[75]

With this language problem of the Bible viewed alongside the above nationalistic and intellectualistic traits of AAR, the paper can now be safely closed though without any assumption of exhausting the topic but rather merely tackling it.

Bibliography

"Chipani cha Yesu Kuukira Boma la Aroma"

"Imfa ya Yesu Khristu ku Yerusalem ku Yudeya"

"Kubadwanso kwa Makolo Achikuda – Chipembedzo cha Makolo Achikuda – Kalata yofotokoza kasamalidwe ka Chipembedzo ndi Miyambo ya Makolo Achikuda."

Achebe, C. *Hopes and Impediments,* London: Heinemann, 1988.

Bahm, A.J. *The World's Living Religions* New York: Dell, 1964.

Barrett, D.B., *Schism and Renewal in Africa: An Analysis of 6,000 Contemporary Religions Movements* Nairobi: Oxford University Press, 1968.

Chakanza, J.C. "An Annotated List of Independent Churches in Malawi." Oxford: Corpus Christ College, 1983.

Chimombo, S., *Napolo Poems,* Zomba: Manchichi Publications, 1987.

Chimombo, S., *The Rain Maker*, Limbe: Popular Publications, 1978.

Dickson, K., *The History and Religion of Israel,*. London: Longman & Todd, 1970.

Fanon, F., *The Wretched of the Earth*, Middlesex: Penguin Books, 1961.

Frazier, A. M., *Issues in Religion*, Califonia: Wadsworth Pub. Co., [2]1975.

Gwengwe. J., *Kukula ndi Mwambo*, Limbe: Malawi Publications and Literacy Bureau, 1975.

Hansen, E. and Frantz Fannon, *Social and Political Thought*, Nairobi: Oxford University Press, 1978.

Kom'mwa, H and Chikanzi, M. "Chipembedzo cha Makolo Achikuda: Kutha kwa Machalichi M'dziko la Africa" (An African Ancestors Religion (AAR) Document). Other AAR Documents:

Mbiti, J. , *African Religions and Philosophy,* London: Heinmann, 1969.

Mtunda 8 (Chichewa for standard 8) Blantyre: Dzuka Publishing Co. Ltd., 1982.

Ngugi wa Thiong'o, *Homecoming: Essays on Africa and Caribbean Literature*, Culture and Politics London: Heinmann, 1972.

Okot p' Bitek, *Artist the Ruler (Essays on Philosophy, Religion and Art)* Nairobi: Heinmann 1988.

Oxford English Dictionary, Oxford: Clarendon Press, [2]1989.

Religion in Malawi, No. 1, 1987.

Schelbourne, G. B., *Mbiri ya Mpingo,* Zomba: Namikango Bible School, 1982.

Schoffeleers, J.M. and Roscoe, A.A., *Land of Fire: Oral Literature from Malawi.* Limbe: Popular Publications, 1985.

Shepperson, G. and Price, T., *Independent African: John Chilembwe and the Origins, Setting and Significance of the Nyasaland Native Rising of 1915,* Edinburgh: University Press, 1958, (CLAIM – Kachere, 2000, 6th ed).

Watson, Keith. *Education in the Third Word,* Kent: Groom Helm Ltd., 1982.

Wishlade, R., *Sectarianism in Southern Nyasaland,* London: O.U.P. 1965.

Appendices

Appendix 1

Namalenga

Mulungu	Milungu	Milungu
Yehova, Yesu, Maria, Abrahamu, Yakobo, Aizeki, Yosefe, Davide, Paulo, Yohane	Chauta, Chiuta, Mbona, Leza, Bimbi, Chisumphi, Chanjiri, Kalonga, Chaka ndi Mizimu ina ndi Mizimu ina	Allah, Muhamadi, Akibaru, Buda, Amina, Alumanali. Ndi mizimu ina
Kupempha kwa Azungu Europe	Kupempha kwa anthu akuda Africa	Kupempha kwa Amwenye Asia

Appendix 2

Anthu onse azungulire kachisi
Tigwade
Tiyimbe m'mamja mwa Nsembe Chauta
Mphambe
Leza

Inu nonse munapita ku mizimuko ife ana anu tafika malo ano kuzakupemphani. Mwaulemu tikupemphani mutichitere chisoni pa zolakwa zathu zonse, cauta tikupemphani mutipatse nzeru, mphamvu chikondi, ndi mtendere.

Chauta – Mphambe – Leza – Mbona – Bimbi – Chisumphi
Zikomo.

Appendix 3

Tizungulire
Tigwade
Tiyimbe m'manja mwa msembe

Cauta   Cauta   Cauta   Cauta
Inu a xxxxxxxxxx
  Minyanga
  Musa
  Masketi
Ndafika ndi anthu awa kuzaona malo anu chonde tiloleni kuti tipembedze monga kunali kuchitila inu kale, chonde inu a minyanga ndi onse amene ana anu tipaseni nzeru, mphamvu, ndi mtendere.

Cauta Mphambe Leza   Mbona Bimbi Chisumphi
Zikomo

Appendix 4

Nthawi yokazonda manda

Yankhulani: Mtendere ukhale kwa inu nonse amene munalowa m'manda,
                Chauta akukhululukireni nakuchitileni chifundo inu ndi ife tonse.
Cholinga: Kuyendera manda kumatipangitsa ife kukonda dziko ndiponso
                zimatikumbutsa ife pakutha kwa moyo uno.

Appendix 5

Malamulo okhazikika

(Oyenera kusungidwa ndi onse okonda Chipembedzo cha Makolo Achikuda)

Munthu wa Chipembedzo cha Makolo Achikuda asakhale:-

a)   Ofuna kulanda ukulu kapena kudzipatsa yekha utsogoleri wa Chipembedzo, pa banja, kapena pakati pa anzake: safunika ai.

b)   Wokhumbira zinthu za anzake, kapena mkazi wa nzake, kapena wa m'nyamata wake, kapena kumazolowera pakhomo pa nzake ndi cholinga chofuna kumanyenga mkazi wa nzake kapena alongo wake wa nzake: safunika ai, chifukwa woteroyo alingana ndi munthu wofunira anzake mafuno oyipa, kapena kuti wachiwembu.

c)   Pokachititsa misonkhano ya chipembedzo cha Makolo Achikuda; osati wapeza mwayi womakachitako chiwerewere, kapena kuti 'chigololo'; kapena kupempha nyumba ya iwe wekha kumachezamo ndi akazi, kapena kumazitamandira kuti ndifuna malo abwino ogona, kapena zakudya zabwino; munthu woteroyo akusonyeza makhalidwe oipa, kwa ena ndipo adzachotsedwa mu Chipembedzo cha Makolo Achikuda, safunika ai.

d) Wotenga zinthu za eni ake, kaya ndarama, za ena, mnjira yakuba ndi mau, kunamizira kungongola, safunika ai, koma ali nawo mwai wopempha kanthu ndiponso ali nawo mwai wofunsira Mbeta ngati alibe mkazi. Koma anene zoona zokhazokha, osachititsa manyazi chipembedzo cha Makolo achikuda, ai.

e) Wozitukumula, kuzikuza, kunyoza anthu ena pakati pa anthu amene akuthandizana nawo ntchito ya chipembedzo, kusonyeza kuti iye ndi amene akudziwa zonse, ameneyo safunika ai. Koma akhale womvera anzake chisoni monga, opuwala kapena wopunduka ndi ena (sic) onse otero.

f) Wosakamba kapena kuti wosanena zonama ngati wapita kukacheza, osanena kuti ndatumidwa kudzachititsa msonkhono pamene sanatumidwe ndi likulu la chipembedzo, pokha – pokha ngati eni delalo akuchita msonkhano khala nawo pa msonkhanowo modzichepetsa kupereka ulemu; ndipo uli nawo ufulu wolankhula za Chipembedzo; ngati eni ake akumeneko atakupatsa mwai wolankhula.

g) Wofuna kupha mnzake ndi cholinga chofuna ukulu (mpando), utsogolere; pa njira yomawapempherera anzake mankhwala oipa kapena yomanena anzake kumbali, imene timati miseche, ndicholinga choti anthu adziti enawo ndi oipa; woteroyo safunika, ai, mu Chipembedzo cha makolo Achikuda.

h) Wosakonda ena, kaya akulu amene akuyesa-yesa kukweza chipembedzo cha Makolo Achikuda, panjira yosamvera pamene akulangizidwa, njira yabwino yokhala ndi wanthu mwamtendere, kapena kumachita chiwawa ndi anthu a zipembedzo zina, oterowo safunika, ai, mu chipembedzo cha Makolo Achikuda.

Mvetsetsani :- Aliyense wosamvera malamulo amene alembedwa (sic) pamwambawo; Atsogoleri a Chipembedzo cha Makolo Achikuda m'dela liri lonse atumiza dzina la munthu wosamverayo ku Likulu la Chipembedzo cha Makolo Achikuda "P.O. Box 1634, Blantyre, Malawi" Ndipo akulikulu adzalamula chochita naye munthuyo, kuderalo.

Chipembedzo cha makolo achikuda, P.O. Box 1634, Blantyre:

Madalitso

Chauta: Akudalitseni, Nakusungani:
M'Bona: Bimbi: Awalitse Nkhope yake pa inu Nakuchitireni chisoni
Namalenga: Akweze nkhope yake pa inu Nakupatseni mtendere.
"Lilemekezeke dzina la Chauta."
Ziikomo

Appendix 6

Chipembedzo cha makolo achikuda
Africa Wadzuka
Kalata yofotokoza za nsembe ndi kayendetsedwe ka chipembedzo cha makolo achikuda kubadwa kwa makolo athu.

1. Nsembe
   a) Kuthira nsembe pabanja (nyumba)
   b) Kuthira nsembe pamudzi (pachibale)
   c) Kuthira nsembe yadziko yotsogoleredwa ndi mfumu
2. Zam'munda
3. Zinthu zitatha mmunda, osaiwala kuthira nsembe ndiponso kupereka mphatso ya zakudya kwa wodwala makamaka mwezi wa March pa 2.
4. Chikondi = kuchezerana
5. Kulemekeza makolo=Bambo ndi Mayi.
6. Kulemekeza achikulire-Agogo-Mbuya-Anganga
7. Kulemekeza mafumu
8. Kumvera chilamulo cha dziko (Boma)
9. Kulanga wana miyambo ya makolo athu
10. Osachita za dama monga chimasomaso/puta ndi mkazi wa mwini kapena mwamuna wa mwini
11. Osalumbira kutchula dzina la chauta, Boma kapena makolo womwe adamwalira kale pa zinthu zonama.
12. Wosatenga chinthu cha mwini mwanjira yakuba.

13. Wasakhala ndi maganizo ofunirana zoipa-chiwembu kapena kupha nzako.

14. Wosanamizira nzako zinthu zimene sanachite/kusinjilila, miseche, bodza.

15. Wosazondana chifukwa cholimbirana ukulu (maudindo)

16. Kuthandizana pa matenda ndi pa imfa.

17. Kupewa ndewu (Ntopola)

18. Kusamala malo othilila nsembe (Aliyense opita ku nsembe akhale ozizira)

19. Kuvina magule a makolo athu kuti mizimu ikondwe

20. Kuyimba nyimbo za (sic) zolemekeza mizimu ya makolo athu.

21. Mwamuna amene mkazi wake ali wodwala pathupi asakumbe manda.

22. Mkazi wodwala pathupi asapite ku manda.

23. Mkazi asamafike ku manda, koma akhale patali pang'ono potsatira miyambo yathu yachikuda.

24. Mwana asaloledwe kuona maliro.

25. Pochokera ku manda tidzisamba kumadzi kuchotsa dothe (sic) la kumanda

26. Tidzigwada ndi kuomba mmanja popembedza Mizimu ya Makolo athu

27. Ukwati

28. Ukwati uyenera kuchitika kutsatira momwe ankachiti makolo athu. Pakhale mkhoswe pakati pa nyamata (sic) ndi msungwana. Anakungwi kapena kuti aphungu wolanga mwambo zonse zichitike mwa miyambo yathu yachikuda. Kuphunzitsa zogwirizana ndi chipembedzo cha makolo achikuda.

   Tate! Mphambe! Namalenga!

Tchalitchi cha Makolo

(*African Ancestors' Religion*)

Gift B. Chimalizeni

During my holiday I made a research on a 'church' known as "Church cha Makolo". While in Blantyre, Machinjiri, I visited one of the elders of this church who explained to me the activities of this religious group.

Firstly he explained about what used to happen in the past. He said that "Cha Makolo" church is like any other church which believes in having a supreme being known as Yahweh followed by spirits which are people's ancestors, e.g. grandparents, dead chiefs etc. The living are considered as last in this hierarchy.

This is how they conduct their prayer ceremony: They ask for things from their God through their ancestors. They mention the names of their departed grand parents if they are making individual or family petitions. When the matter is of communal interest they mention the name of their departed chief. They believe that the dead people's spirits are present.

They consider the departed spirits as guardians, fathers and intermediaries to God. Whenever there is an occasion for concern such as drought the community agrees on a date when they are to offer sacrifices to their ancestors accompanied by requests. They sing, dance and pray to God while mentioning the names of their dead chiefs and ancestors.

The food and beer that is offered to the ancestors is put in a special house built for the purpose. The house is called *Kavuwa*. After a few days they come to check if the food and beer have been received and accepted by the ancestors. When they see ants eating this food they say their wish has been accepted. The ceremony is led by one of the elders in the tribe, it can be a chief.

In the case of family petitions the sacrifices are sometimes offered in the house. The food can be put in one of the rooms in the house. Thanks offerings are also conducted if a wish has been granted.

In rain calling ceremonies the leader dances while facing the North. Those who perform this function are supposed to be *ozizira*. This is when a person has not had sexual intercourse for three to four weeks before the day. If this requirement is not followed, the ceremony is considered *yodetsedwa* (unclean). The person leading in the rain making ceremony is known as

Mlosi. The process of offering sacrifices by the community is known as *kuthira nsembe.* The same ceremony on a family level is popularly known as *kukhwisula.*

As of now the 'church' has lost many of its members to churches like the CCAP, Roman Catholic as well as to the religion of Islam. In the vicinity of my residence there are at least 25 to 30 members of this religious group but they do not regularly perform communal sacrificial ceremonies due to lack of co-ordination as they are unevenly scattered in the locality. I am however given to understand that on a family level sacrifices are still regularly offered.

These people do not use the Bible and they are against what is written in it. They say that the Bible was written by a white man. They consider their God as being black. They congregate on Sundays and their services of worship are more like classes. They spend most of the time teaching one another about their ancestors arguing that real prayer is to be done at home.

They do not have a special clergy. All members are considered equal. They only choose one person to baptize people. Baptism is done after a very long time because they have quite a small number of people interested to join them as committed members. Their baptism is known as *kugwira ufa.*

When they are praying it is their custom to wear as few clothes as possible arguing that their ancestors used to dress very lightly.

The headquarters of this religious group is in Ndirande, Blantyre.

NB: I thank Mr. Taulo for the information contained in this paper. Machinjiri, 27-30 December 1999.